Arena
Taschenbuch
Band 1932

Hanna Lützen,
1962 in Kopenhagen geboren, studierte in Odense Literaturwissenschaft. Dabei beschäftigte sie sich besonders mit den Klassikern des Gruselgenres.

Ein weiteres Arena-Taschenbuch von Hanna Lützen:
Vlad. Die wahre Geschichte des Grafen Dracula (Band 1916)

Hanna Lützen

Das Buch der Wunder

Aus dem Dänischen
von Christel Hildebrandt

Arena

In neuer Rechtschreibung

Deutsche Erstausgabe
1. Auflage als Arena-Taschenbuch 1999

Titel der Originalausgabe: »Miraklernes bog«
Originalverlag: Gyldendal, Kopenhagen
Aus dem Dänischen von Christel Hildebrandt

Umschlagillustration: Thomas Thiemeyer
Umschlagtypographie: typostudio GmbH, München
Gesamtherstellung: Westermann Druck Zwickau GmbH
ISSN 0518-4002
ISBN 3-401-01932-5

Inhalts-verzeichnis

Prolog

Wir schreiben das Jahr 1178, der Mönch Herbert aus dem Stammhaus der Zisterzienser, dem Kloster in Clairvaux, beginnt sein *Liber Miraculorum*, das Buch der Wunder, zu schreiben. Der ehrwürdige Erzbischof von Lund, Eskil, der seinen Lebensabend in Clairvaux verbringt, trägt einen Teil zu Herberts Werk bei. Eskil, der angesehene Gründer zisterziensischer Häuser in Skandinavien, kann von vielen sonderbaren Geschehnissen in seinen Klöstern berichten. Vor allem die dänischen Häuser, Tvis, Køgum, Holme, Vitskøl, Øm, Sorø und nicht zuletzt Esrom, die erste dänische Zisterziensergründung, erwachen vor Herberts innerem Blick zu neuem Leben. Herberts Feder und Eskils Erinnerung schaffen gemeinsam die phantastischsten Beschreibungen dessen, was die Clairvauxmönche auf ihren Posten in den rauen, leeren und fremden Gegenden sahen, in denen die Menschen erst vor einem Jahrhundert davon abließen, den schrecklichen Abgott Svantevit anzubeten.

Eskil ist zu seinen erschütterndsten und furchterregendsten Erinnerungen vorgedrungen. Jetzt will er Herbert vom Kloster Esrom berichten. Sein ›eigenes‹ Kloster, das 1151 auf dem Boden errichtet wurde, den der dänische König Erik Lam durch königliches Privileg an Eskil übertragen ließ. Hierher reisten die Clairvauxmönche, um zu Eskils Männern zu stoßen und an dem Wiederaufbau eines verfallenen Benediktinerklosters mitzuwirken, welches etwas abseits von den Siedlungen und von befahrbaren Wegen lag. Die französischen Mönche wanderten durch Europa gen Norden und spürten, wie das Klima herber und die Menschen rauer wurden, je weiter die Reise sie führte. Sie erschauerten und dachten voller Sehnsucht an ihr Stammhaus in Clairvaux und baten Gott flehentlich um Kraft, damit sie ihre Arbeit bei diesem primitiven, schmutzigen Menschenschlag verrichten konnten, dessen Stimmen wie das Belfern wilder Tiere klang. Aber Eskil nahm die missmutigen Brüder freudig auf und nach kurzer Zeit stand ein fertiges Haus da mit frischen Rodungen für den Kräutergarten sowie Gräben, die bald zu einem neuen Brunnen und Bewässerungssystemen werden sollten. Die Lage im nördlichen Teil der Insel Seeland ermöglichte es Eskil, dem Ort weiter gewogen zu sein. Die Entfernung von Lund nach Esrom war unbedeutend und so konnte der Erzbischof sich jederzeit über den Stand seiner Stiftung unterrichten lassen. Häufig kam er den Zisterziensern zu Hilfe, wenn sich Probleme auftaten. Der Orden der Zisterzienser stand für Eskil an erster Stelle und jedes Mal, wenn er zu Besuch kam, nahm er sich die Zeit, die Annalen des Klosters durchzulesen.

An einem winterdunklen, bitterkalten Dezemberabend sitzen Herbert und Eskil in Herberts Arbeitsraum beisammen. Die kleine Zelle ist ins Dunkel getaucht, nur der milde Schein der Öllampen bildet einen beschützenden Kreis um die beiden alten, weiß gekleideten Brüder am Holzpult. Jetzt will Eskil mit seiner Erzählung vom Wunder im Kloster Esrom beginnen. Es ist eine Geschichte über die Taten des Teufels wie auch über das Wunder, das sich durch Fleiß, Tüchtigkeit und den Glauben der Menschen vollbringen lässt. Die Geschichte von Christa.

1. Ankunft

An einem grauen, regenschweren Frühlingstag im Jahre 1154 ist eine weiß gekleidete Gestalt in der zartgrünen Landschaft ums Kloster Esrom zu erkennen. Die Mönche entdecken sie unten im Tal, noch weit vom Haus entfernt. Sie schreitet schnell aus, obwohl sie offensichtlich einige Bündel zu tragen hat. Es ist ein Bruder ihres Ordens. Nur die Zisterzienser tragen ungefärbte Kleidung und sind deshalb auch auf große Entfernung gut zu erkennen. Die Brüder lächeln sich zu; das kann niemand anders als Bruder Franz von Cîteaux sein, der neue Heilkundige, der die Planung und Aufsicht über den Kräutergarten wie auch den Aufbau der zukünftigen Apotheke des Klosters übernehmen soll. Seine Ankunft wurde voller Spannung seit mehr als einem Monat erwartet. Inzwischen ist es fast zu spät für die Aussaat vieler Kräuter, aber Franz' Ankunft weckt dennoch Optimismus und Freude unter den Pionierbrüdern, die wie die Pferde geackert haben, um einen Rahmen für ihr neues Leben unter den Fremden zu schaffen. Nach diesem ersten Jahr ist es ihnen geglückt, ein Haus zu bauen, dessen sie sich sowohl Gott als auch den Menschen gegenüber nicht zu schämen brauchen. Hier können sie ihre Arbeiten Gott zur Ehre und den

Armen, Kranken und Notleidenden zum Nutzen verrichten.

Der Abt William, das kraftvolle Oberhaupt des Klosters, tritt hinaus, um den Neuen am Tor zu empfangen. Er ist ein großer, breitschultriger Mann, dessen stahlgraue Tonsur als Einziges auf sein fortgeschrittenes Alter hinweist. Sein Adlerprofil, die schmalen Lippen und die durchdringenden blauen Augen verleihen ihm einen harten, unerbittlichen Ausdruck, was ihm bereits in vielen Situationen von Nutzen gewesen ist. Aber Abt William wäre in dem Orden nicht weit gekommen, wenn er nicht außerdem die große Beweglichkeit und das Mitgefühl besessen hätte, die das geistige Leben und die Lehre der Zisterzienser auszeichnen.

Eine Gruppe von Mönchen folgt ihrem Abt und stellt sich hinter ihm unter dem Torbogen auf. Der junge Bruder Erland, dessen Geschick bei Ingenieursarbeiten ihn zum Leiter der Konstruktion der Wasserversorgung gemacht hat, steht trippelnd da und späht mit gerunzelter Stirn hinaus. Nach einer Weile, Franz ist nunmehr nicht mehr weit, stößt er seinen Bruder Martin aus Metz an, der Schwierigkeiten hat, die Tusche von seinen Händen zu wischen. Martin ist der geschickte Illuminator und Buchbinder des Klosters, dessen Talent sich nicht so oft entfalten darf, wie er es selbst gerne hätte, denn die praktischen Arbeiten kosten die bis jetzt noch wenigen Mönche immer noch viel Zeit. Aber heute ist es ihm gelungen, ein paar Stunden in der Schreibstube gut zu nutzen. Bruder Erlands Fingerzeig lässt ihn aufblicken.

»Sieh nur, er trägt etwas, es sieht aus wie ein Wickelkind . . .« Bruder Martin blinzelt mit den Augen, die sich nach der Schreibarbeit noch nicht an das helle Licht draußen und auch nicht daran gewöhnt haben, bis zum Horizont hinauszublicken. Er fragt Bruder Severin, den Schlachtermeister und Chorleiter, ob er das Gleiche sehe wie Erland. »Doch, ja, das, was Franz so vorsichtig im Arm trägt, sieht aus wie ein lebendiges Wesen.«

Jetzt sind sich alle sicher, es zu erkennen. Abt William runzelt die Stirn. Er wünscht keine unvorhergesehenen Probleme. Wenn das ein Säugling ist, wie sollen sie sich dann um ihn kümmern? Das Kloster ist noch nicht einmal vollkommen ausgebaut. Die Zähigkeit der Mönche hat sie den Winter überstehen lassen, aber das Wetter ist immer noch feucht und rau. Sie alle spüren, wie die Kälte in ihnen hochkriecht, des Nachts und während der Messe, wenn sie in Gebet und Lobgesang vertieft dasitzen. Wie soll ein Kind das überstehen! William sieht ebenso deutlich wie seine Brüder, dass Franz wirklich mit einem Säugling zu ihnen kommt.

Das kann nur Probleme bringen! Es gibt keine Frauen im Kloster und von keinem der Brüder ist zu erwarten, dass er weiß, was zu tun ist! Hier nützen guter Wille und fromme Gedanken ohne den praktischen Sinn für Kinderpflege nicht viel! Vielleicht kann Franz selbst . . .

Der Herankommende ist nur noch wenige Meter entfernt und unter Anstrengung hebt er eine Hand zum Gruß. Das Bündel mit seinen Habseligkeiten fällt zu Boden, während er vorsichtig seine lebende Last von einem Arm auf den anderen schiebt. Sie alle hören das leise Weinen, entscheiden sich aber aus Hilflosigkeit, es lieber zu ignorieren. Bruder Franz muss erst einmal berichten.

»Meine Brüder, ich habe mich lange auf diesen Augenblick gefreut. Ich habe von eurer Arbeit gehört und betrachte voll Freude mein neues Heim, das Kloster Esrom!«

Bruder Franz, der es nicht für nötig gehalten hat, seinen Namen zu nennen, sieht lächelnd und voller Erwartung seine neuen Brüder im Dienste Gottes an. Abt William fasst sich und beginnt mit fester Stimme, ohne von dem beharrlichen Schreien des Kinds Notiz zu nehmen: »Willkommen, Bruder Franz. Ich hoffe, deine Reise hierher ist ohne Sorgen und Gefahren verlaufen! Wir erwarten dich bereits seit einiger Zeit und freuen uns, aus deiner Sachkenntnis und deinem Eifer Nutzen ziehen zu können. Abt Occo hat dich mit lobenden Worten beschrieben!«

Aber dennoch kann er es nicht lassen, er muss eine Kopfbewegung zu dem Bündel im Arm des neuen Bruders machen: »Du bringst ein Kind mit?«

Vorsichtig schiebt Bruder Franz das Tuch zur Seite und zeigt das Kind. Sofort hört das Weinen auf. »Es lag neben mir, als ich eine Tagesreise von hier in einer Scheune geruht habe. Ich habe die Leute auf dem Hof gefragt, ob es ihr Kind sei, aber keiner wollte es kennen.«

Er seufzt, aber lächelt daraufhin abgeklärt seine Brüder an: »Ich wusste sofort, dass ich es mit hierher nehmen sollte. Es ist ein Mädchen und etwas ganz Besonderes. Seht nur . . .« Er hält ihnen das Kind hin, und wirklich ist etwas ganz Besonderes an ihm. Die Augen sind fast farblos mit milchiger, durchsichtiger Iris, und die Gesichtshaut, von der sich die streifige Röte vom Weinen jetzt zurückzieht, sieht auch ganz durchsichtig aus. Die wenigen Härchen sind schneeweiß. Ein Albino!

»Ich habe einen Namen für sie ausgesucht. Christa!«

Die Mönche sehen sich an. Der Abt hat sich bisher noch nicht zu dem Kind und dessen Schicksal geäußert. Franz kann doch nicht einfach davon ausgehen, dass . . .

William räuspert sich: »Lasst uns hineingehen. Wir müssen entscheiden, was mit dem Kind geschehen soll, aber zunächst dürfen wir nicht vergessen, unsere Gastfreundschaft zu zeigen. Bruder Franz, zuerst sollst du etwas essen, dann werden dir deine Zelle und deine Arbeitsbereiche gezeigt. Das können wir bis zur Vesper schaffen. Außerdem braucht das Kind Pflege und etwas zu essen . . .«

Er schaut sich ratlos um und lässt dann wieder seinen Blick auf Bruder Franz fallen.

»Du bist sicher derjenige, der sich am besten um sie kümmern kann . . . Du hattest sie ja schon den ganzen Tag bei dir. Was brauchst du für das Kind?«

»Da der Kräutergarten ja meine Aufgabe sein wird, habe ich Minze, Rosmarin und Baldrian für beruhigende Getränke und stärkende Öle mitgebracht. Außer Samen, die ausgesät werden müssen, und getrockneten Kräutern habe ich nicht viel bei mir; denn ich will ja hier anpflanzen und herstellen, was für Tinkturen und Extrakte benötigt wird. Aber etwas Wasser, sauberes Leinen, warme Milch und ein bisschen Grütze wären ausgezeichnet. Zeigt mir erst meine Zelle und bringt mir diese Dinge, bevor ich mich mit euch an den Tisch setze, meine Brüder!«

William setzte sich nachdenklich an den schweren Eichentisch, der sein Leseplatz war während der seltenen Stunden, die nicht den Stundengebeten oder der Planung praktischer Dinge gewidmet waren. Und von denen gab es in dem neuen Kloster noch viele. Eskils Brief lag vor dem Abt und bereits ein kurzer Blick darauf war beruhigend. Worte aus Clairvaux, wohin der Erzbischof oft reiste, und Grüße vom Gründer des Ordens, Bernhard, dessen emsiges Wirken ein Ideal darstellte, dem alle Brüder nachstrebten. Bernhard von Clairvaux, erhöht durch seine beispielhafte Demut, derentwegen der mächtige Eskil ihrem Orden besonders gewogen war. Vielleicht enthielt dieser seltene Brief, der von einem reisenden Bruder auf dem Weg nach Herrisvad in Schonen mitgebracht worden war, nicht nur die Mitteilung über Eskils baldige Abreise von Clairvaux, sondern außerdem eine diskrete Erinnerung daran, dass nichts zu unbedeutend ist, als dass es nicht die Diener Gottes zu größerer Einsicht und höherer geistiger Bildung leiten könnte. Bernhard war ja die reine Personifizierung eines derartigen Gedankengangs. Vielleicht war Christa, das neugeborene Albinomädchen, dem Kloster aus Gründen geschenkt worden, die noch niemand durchschauen konnte. Weiß war die Farbe der Zisterzienser – das Symbol der Reinheit! Christa ... Er hatte bereits den Namen akzeptiert . . . Sie musste so bald wie möglich getauft werden. Sie konnten keine Ungetaufte bei sich aufnehmen, Bruder Rus . . .

Allein bei dem Gedanken an den verfluchten Namen durchlief William ein Schauer und er stand schnell auf, um die Taufe mit seinem langjährigen Freund und Mentor zu besprechen, dem alten Mystiker Bruder Sigurd. Das konnte nicht schnell genug geschehen!

In der Zwischenzeit war Franz in den südlichen Flügel geführt worden. Die Brüder hatten alles, worum er gebeten hatte, gebracht und er begann, noch etwas ungeschickt, das Findelkind zu waschen. Er hatte richtig gehandelt, das wusste er ganz genau! In der Nacht, bevor ihm das Kind gebracht worden war, hatte er von einem weißen Lamm geträumt. Von einem weißen Lamm, das von seiner Herde weggelaufen war, um sich selbst einem hungrigen Wanderer als Opfer darzubieten, der es sofort geschlachtet hatte! Der Rauch war gen Himmel gestiegen und Gott hatte dafür seinen Engel auf die Erde gesandt. Und er hatte dem Kind einen Namen gegeben ... Der Name war im Traum gesagt worden und Franz konnte immer noch Gottes Worte in seinen Ohren nachklingen hören. Er wollte nicht vergessen, William von seinem Traum zu erzählen. Niemand konnte die Bedeutung des Traums anfechten und es gab für ihn keinerlei Zweifel daran, dass Christa zu ihm gekommen war, um bei ihm zu bleiben. Er wickelte sie in das saubere Leinen und nahm die Schale mit der Grütze und der Milch. Erleichtert atmete er auf, als sie ohne Schwierigkeiten trank. Es war Zeit für das Gebet, als das Kind in Schlaf gefallen war und erst einmal auf das schmale Bett des Mönchs gelegt wurde. Franz eilte davon, um seine Brüder nicht warten zu lassen. Seine Gedanken waren vollkommen mit der unerwarteten Verantwortung und den Schwierigkeiten beschäftigt, die die unerfahrenen Brüder in Verbindung mit der Erziehung eines Säuglings erwarteten. Gleich nach dem Gebet wollte er mit William reden.

William, der die gleichen Gedanken wie Franz hatte, ohne von dem Offenbarungstraum zu wissen, warf dem reisemüden und zerzausten Bruder während des Gebets viele verstohlene Blicke zu. Das war also Franz. Der berühmte Wundarzt und Heiler von Cîteaux! Wenn er wirklich so tüchtig war, wie von ihm gesagt wurde, würde er mit Leichtigkeit das Kind auch ohne Hilfe von Frauen am Leben erhalten. Das Kloster war zwar offen für Laienbrüder, sie beherbergten bereits zwei, aber Frauen nahmen am täglichen Klosterleben nicht teil. William hoffte, dass sie bis auf weiteres ohne Hilfe von außen das Kind erziehen konnten. Es würde eine weitere Herausforderung für ihr Wirken bedeuten.

Als die Messe beendet war, eilten der Abt und Bruder Franz eilig aufeinander zu. Sie hatten beide viel auf dem Herzen und begannen gleichzeitig aufeinander einzureden. Abt William hob resigniert die Arme in die Höhe und gab Franz ein Zeichen, ihm zu folgen. Wortlos eilten sie aus der Kapelle und stellten sich in einer Fensternische gegenüber dem Refektorium auf.

»Das Kind muss baldmöglichst getauft werden. Ich werde den Zeitpunkt mit Bruder Sigurd absprechen, er bereitet die Taufe vor.«

»Das freut mich zu hören! Das Kind ist auserwählt, unter uns zu sein. Wir müssen diese Aufgabe auf uns nehmen und seine Erziehung gewissenhaft planen. Vorläufig werde ich für das Kind sorgen. Das ist meine Pflicht. Aber ich brauche Hilfe! Das muss besprochen werden, damit dadurch keine Schwierigkeiten bei den täglichen Pflichten entstehen. Wir alle müssen uns mit allen Kräften um Christa kümmern.«

Franz senkte den Kopf und schwieg einen Augenblick. Es war William bewusst, dass Franz noch mehr sagen wollte, und das hätte einen anderen, sehr viel ernsteren Charakter. Und ganz richtig: Franz räusperte sich und erzählte in allen Details von seinem Traum und seiner sicheren Überzeugung, dass Christa gekommen war, um in das Leben der

Mönche ein Zeichen zu setzen. Was das bedeuten würde, konnte man noch nicht sagen. Das konnte nur die Zeit zeigen. Die beiden Mönche wanderten Seite an Seite zurück zu Franz' Raum im Südflügel, wo das Kind schlief.

Es gab nur zwölf Brüder in dem neuen Kloster. Zwölf Mönche und zwei Laienbrüder, einen Alten, der im Stall aushalf, und einen jungen Mann, dessen verwirrter Sinn den Mönchen immer wieder Sorgen machte. Während der alte Uffe still und friedlich seine Arbeit bei den Tieren versah und mit den Mönchen zur Messe ging, war Jens, der sicher nicht mehr als sechzehn Jahre alt war, auf ruheloser Wanderung im Gelände des Klosters oder er war damit beschäftigt, Beschwörungen aufzusagen gegen die unzähligen Flüche, die ihn seiner Meinung nach getroffen hatten. Die Mönche waren nicht abgeneigt, ihm Recht zu geben. Wenn er so hinter dem Misthaufen saß mit wackelndem Kopf, starren Augen und ständig sich bewegenden Lippen, ohne dass ein Laut von ihnen zu vernehmen war, musste jeder, der ihn sah, ein stilles Gebet für seine Errettung sprechen. Aber er wurde nicht weggeschickt. Niemand außer dem Teufel selbst sollte aus den schützenden Mauern des Klosters verwiesen werden, auch kein Wesen, das eine Quelle ständiger

Unruhe bildete. Mit Gottes Hilfe würde er sich schon zurechtfinden.

Die beiden Laienbrüder lebten im Kloster, seit es gegründet worden war. Aus der Entfernung hatten sie die Bauarbeiten verfolgt, die schnell ein beeindruckendes Backsteingebäude auf den Resten des alten Benediktinerhofs zum Vorschein kommen ließen. Eskils Leute hatten Arbeitskräfte unter den Bauern geworben und die Brüder selbst waren sich auch für die schwere Arbeit nicht zu schade. Sie waren aus dem sicheren Stammhaus in Clairvaux hergekommen, aber sie dachten nicht daran, sich von den harten Herausforderungen brechen zu lassen. Bernhard hatte sie vor ihrer Abreise gesegnet und sie alle wussten, dass die Reise nach Dänemark ihre Lebensaufgabe war. Hier würden sie bleiben und in der Fremde die Erde bestellen für die Zukunft des Ordens und erst zurückkehren, wenn sie so alt waren, dass sie nach Clairvaux heimgerufen wurden. Hier würden sie arbeiten und die aufnehmen, die Zuflucht vor der Welt suchten, und sie würden mit aller Macht versuchen, die eigenen Vorurteile gegen das Land und seine Bewohner abzulegen.

Eskil hatte dafür gesorgt, dass die großen Weideflächen und saftigen Felder dem Kloster zugesprochen wurden. Sein Wohlwollen für die Zisterzienser war ein Wunder, das vielleicht, vielleicht aber auch nicht Bernhard zu verdanken war. Jedenfalls gab es keinen Zweifel, dass Bernhards Größe und wohl bekannte Frömmigkeit Eskils Neugier geweckt hatte. Der mächtige Erzbischof hatte Bernhard in Clairvaux aufgesucht und sich von dessen geistiger Kraft und dem Glanz, der den alten Mönch umgab, verzaubern lassen. Seither waren die Zisterzienser Eskils besondere Schützlinge. Bernhard war bereits zu Lebzeiten eine Sagengestalt geworden, die ihre Stärke auf die Mitglieder der Zisterziensergemeinschaft übertragen konnte – als bescheidenes Vorbild für die Lebensweise der Zisterzienser. Bernhard war Eskils Nächster geworden! Vielleicht waren die Harmonie dieser Verbindung und die gegenseitige Achtung gerade ein Resultat des Gegensatzes zwischen Bernhards weltfremder Frömmigkeit und Eskils erdnahem politischen Geschick, das seine Amtsführung auszeichnete. Vielleicht konnte Eskils raue Natur nur von etwas absolut Reinem und Fehlerfreiem besänftigt werden. Aber wie dem auch war, die gezielte Vorgehensweise und die praktischen Fähigkeiten des Erzbischofs kamen den Zisterziensern zu Gute – ja, sie bildeten sogar hier im Norden deren Existenzgrundlage. Ohne Eskil wären die Mönche nicht so weit gekommen. Jedes Hindernis wurde durch Eskils Tatkraft und seinen Einfluss aus dem Weg geräumt. Weder lokale Streitereien über die Flurgrenzen noch königliche Habsucht konnten den Zisterziensern auch nur eine Hand voll Erde entreißen. Und Eskil sorgte dafür, dass das, was einmal ihres geworden war, auch ihres blieb. Eine Ausdehnung ihres Eigentums war die einzige Veränderung, die er zuließ oder sogar förderte, mit dem üblich gewordenen Tauschhandel von Gold, Land oder Tieren gegen das Angebot der Kirche, die ewige Seligkeit zu erlangen.

Die Mönche konnten also in Ruhe die Welt ihren Gang gehen lassen, während sie ihren Aufgaben nachkamen. Sie waren von frühmorgens bis spätabends beschäftigt. Jeder Bruder hatte tief in seinem Inneren die Gewissheit, dass seine Fähigkeiten und sein Fleiß etwas schufen, das Gott ehrte. Nichts war dafür zu gering, nichts zu groß. Von der einfachsten handwerklichen Tätigkeit bis zu den weitreichendsten Ingenieursarbeiten, von der schönsten Handschrift bis zu den schmutzigsten Arbeiten. Alles wurde gründlich und mit Sorgfalt ausgeführt. Alles war ein offensichtliches Bekenntnis ihres Glaubens, genau wie das Gebet das innere Bekenntnis ihrer vollen Hingabe war.

Bruder Franz war als Letzter hinzugekommen und mit seinen Kenntnissen von heilenden Kräutern und seinen Rezepten war der Fächer der Fachleute im Kloster Esrom vollständig. Es gab geübte Baumeister, tüchtige Schreiber, verlässliche Stallarbeiter, einen Koch und jetzt auch noch einen Heilkundigen, der es außerdem verstand, einen Kräutergarten anzulegen, der sie mit Kräutern versorgen konnte und mit Pflanzen für heilende Tropfen und andere Medizin. Gott war dem gnädig, der sich selbst zu helfen wusste. Abt William war mit seiner Schar zufrieden. Weitere Brüder waren willkommen, aber wie es im Augenblick aussah, gab es reichlich Sachkunde im Haus. Und obendrein ein Kind!

Der alte Bruder Sigurd hatte alle notwendigen Vorbereitungen für die Taufe getroffen. Er hatte ein langes Gespräch mit Abt William geführt, der ihm seinen Beschluss mitgeteilt hatte, das Kind im Kloster zu behalten, auch wenn damit ganz offensichtlich praktische Probleme verbunden waren. William sah müde aus. Er lehnte sich auf seinem unbequemen Holzstuhl zurück und seufzte tief – etwas, das er sich selten gegenüber anderen gestattete. Sigurd hatte schon oft stundenlange Gespräche mit dem Bruder geführt und wusste sofort, dass ihn etwas quälte.

»Bruder Franz hat mir von einem Traum erzählt, den er, unmittelbar bevor er das Kind fand, geträumt hat.«

William schwieg einen Augenblick und Sigurd nickte ihm aufmunternd zu.

Dann fuhr er fort: »Ein weißes Lamm läuft von seiner Herde davon und opfert sich einem hungrigen Wanderer. Dafür schickt Gott einen Engel zur Erde! Franz sieht nur das Geschenk des Himmels, aber ich sehe auch eine verlorene Seele, die geopfert werden muss! Das macht mir Kummer ... Ist das Kind dieses Lamm oder ist es der Engel? Ich glaube, Ersteres. Anderes anzunehmen wäre zu vermessen. Selbst Franz neigt inzwischen zu der Meinung, dass es das Lamm ist, das unserem Orden geschenkt wurde, damit wir Gottes Wort durch das Kind weitergeben können! Aber was ist mit dem hungrigen Wanderer – die Zisterzienser sind keine gierigen Seelenhändler. Wir heißen die Suchenden willkommen, aber die Verbreitung von Gottes Wort mit

Seelenhunger zu vergleichen, das ist nicht richtig. Ich glaube, dieser Teil des Traums hat eine andere, viel finsterere Bedeutung!«

William richtete seinen Blick auf Sigurd, dessen Gesicht im Schatten seiner Kapuze lag. Niemand sagte etwas und es war offensichtlich, dass der alte Mystiker in tiefe Gedanken versunken war. William wartete. Er wusste, dass Sigurd seine Worte sorgfältig abwog, bevor er antwortete: »Bruder Rus kann der hungrige Wanderer sein!«, sagte der Alte schließlich, seine Stimme erklang leise, aber entschlossen. William nickte nur.

»Bruder Rus ist eine Satansbrut und niemand hat ihn mehr gesehen, seit die Benediktiner ihn weggejagt haben!«

Sigurd holte tief Luft, bevor er hinzufügte: »Keiner außer uns beiden – aber wir haben ihn ja wieder verbannen können!«

Ein eiskalter Windzug vom Fenster her ließ die beiden Männer erschauern und unruhige Blicke austauschen.

»Wir dürfen uns nicht davor scheuen, das in Betracht zu ziehen!«, sagte Sigurd mit fester Stimme. »Lieber vorbereitet und auf der Hut sein als sich in ängstlicher Erwartung ducken!« Er richtete sich auf dem Stuhl auf und fuhr fort: »Ich weiß, dass Bruder Rus gierig ist und dass sein Hunger nach unschuldigem Fleisch ihn immer wieder ins Licht treibt, das er doch hasst.«

Ermutigt von der gefassten Miene des Alten, zögerte William nicht länger. »Du hast meine Gedanken erraten!

Auch ich habe das Gefühl, dass Rus erwachen will und schon bald hier in Esrom sein Unwesen treiben wird. Wir haben ein Opferlamm unter unserem Dach, aber auch wir brauchen Schutz. Gottes Engel ist unsere eigene Stärke und unser Glauben. Der Engel lebt in uns und wir wollen das Böse nicht fürchten!«

Der kalte Wind ließ die beiden Männer nicht länger schaudern. Beide hatten sich daran erinnert, wie sie entdeckt hatten, was der Keller unter der Küche barg: William war nach dem Ende der Bauarbeiten nach Esrom gekommen. Er sollte den Platz von Abt Folmer einnehmen, der im ersten Jahr einer Krankheit erlegen war. Bei seiner ersten Inspektionsrunde war sein Blick auf eines der kleinen Lukenlöcher aus dem Kellergelass unter der Küche gefallen. Es war ein eiskalter Wintertag gewesen und niemand, der seine sieben Sinne beisammen hatte, würde sich in dem eisigen, nassen Keller aufhalten, der als einziger Raum von der Klosteranlage der Benediktiner noch geblieben war und zu nichts anderem als zur Aufbewahrung von Getreide und von Vorrat gedient hatte. Dennoch hatte sich für einen Moment ein Gesicht gezeigt. Ein weißes Gesicht mit schwarzen, ausdruckslosen Höhlen für Augen, Nase und Mund. Der Schädel war vorschriftsmäßig rasiert gewesen – mit einer Tonsur. Es war der Kopf eines Mönchs gewesen, der dort unten aufgetaucht war. William hatte mehrmals erschrocken geblinzelt und die Erscheinung war verschwunden. Erst später hatte er von der Legende von Rus erfahren. Sie lief wie ein

Alpdruck zwischen den Brüdern hin und her und niemand wollte von der Geißel der Benediktiner berichten. Erst als Bruder Sigurd, der auch nach Esrom gekommen war, die ganze Geschichte erzählt hatte, war William sich seiner Sache sicher gewesen. Er hatte Rus' hässliche Fratze aus dem dunklen Kellerloch hervorstarren sehen. Aber warum? Es hieß doch, Rus wäre schon vor langer Zeit verjagt worden. Warum war er jetzt zurückgekommen, nachdem ein neues Haus errichtet und ein neuer Abt eingeführt worden war? William sah sich selbst nicht als schwach an, ganz im Gegenteil, durch seine unerschütterliche Ruhe und seine Sicherheit bei der Beschlussfassung hatte er viel Respekt gewonnen. Und da Spekulationen eine entschiedene Vorgehensweise nur verhinderten, hatte William deshalb resolut dafür gesorgt, dass in der Küche über dem Kellerraum ein Exorzismus stattfand. Niemand wagte sich dort direkt hinunter und deshalb beschloss man, dass die Seance mit ein wenig Glück direkt über Rus' Nest abgehalten werden konnte. Aber mittlerweile deutete einiges darauf hin, dass die Kraft der Austreibung durch die Bodenbretter abgeschwächt worden sein musste – Rus war nur in den Schlaf verbannt. Jetzt wachte er wieder auf, wenn sie Franz' Traum richtig deuteten!

Sigurd nickte mit geschlossenen Augen, tief in seine Kapuze zurückgezogen. Er hatte Williams Gedanken erraten und er konnte sich an sein eigenes Entsetzen erinnern, als er eines Morgens ganz früh wegen einer unaufschiebbaren

Besorgung über den Hofplatz gegangen war: Quer über den Platz hatte er einen Ruf gehört, der aus der Küchentür zu kommen schien. Etwas beunruhigt über den leidenden Tonfall in der Stimme, war er stehen geblieben, um zu sehen, wer das sein konnte. War vielleicht jemand zu Schaden gekommen? Niemand war zu sehen. Die Küchentür war verschlossen und alles lag still und verlassen in dem grauen Morgennebel. Dann hatte die Stimme wieder gerufen und diesmal war es Sigurd gelungen, ihre Herkunft zu lokalisieren. Das Lukenloch unter dem Küchentrakt! Am ganzen Körper hatte er eine Gänsehaut bekommen und wäre am allerliebsten in Windeseile davongelaufen, ohne noch einmal zurückzuschauen, aber irgendetwas hatte ihn wie festgenagelt stehen bleiben lassen. Sein Blick richtete sich auf das schwarze Loch und da sah er das, was er mehr als alles andere fürchtete: Rus' Gesicht, das gleiche, das ihn seit Wochen in seinen Träumen verfolgte. Und die Stimme sprach zu ihm, auch wenn das Gesicht dort unten unbeweglich blieb. Unbeschreibliche Flüche und blasphemisches Schimpfen hatten Sigurd mit entsetzlicher Deutlichkeit klargemacht, dass das Kloster Esrom auf unsicherem Grund stand. Das sichere Glaubensfundament war nur eine Illusion, denn Rus war wieder unterwegs – und diesmal würde er sich wohl nicht mit leeren Händen davonjagen lassen!

Sigurd sah auf und begegnete Williams Blick. Beide kannten die Legende von Rus: Die Geißel der Benediktiner war der leibhaftige Teufel, der in Gestalt eines jungen Mannes nach Esrom gekommen war, um einen Platz zwischen den Brüdern zu erbitten. Er erwies sich als ein hervorragender Koch und der Benediktiner-Abt genoss die erlesenen Gerichte, die er hervorzuzaubern verstand, auch wenn dabei die Verschwendung mit der Zeit überhand nahm. Der junge Rus war von den Brüdern gern gesehen. Aber neben seiner Arbeit in der Küche begann er einen gottlosen Verkehr von Frauen zu organisieren, die bald im Kloster ein und aus gingen. Er verstand es, sich unersetzlich zu machen, und erst als die Brüder einsahen, dass sie von Rus' vielfältigen Diensten abhängig geworden waren, wurde ihnen die Wahrheit bewusst. Da zeigte der Teufel sein wahres, hässliches Gesicht und verhöhnte sie, weil sie so bereitwillig das Verderben der Welt akzeptiert hatten. Die Mönche jagten ihn zum Tor hinaus, durch den Grib-Wald und weiter bis zum Dorf Nødebo, wo Rus behände in einen Brunnen hinter der Kirche schlüpfte. Seitdem war er nicht mehr gesehen worden. Bis das Kloster Esrom wieder aufgebaut und bereit war, den neuen Orden aufzunehmen!

Sie hatten geglaubt, er wäre verbannt worden, aber Rus war noch in der Küche. Welches Teufelswerk würde er sich für sie wohl diesmal ausdenken?

»Zwei Neuankömmlinge haben sich unserer Gruppe angeschlossen – außer Bruder Franz, meine ich«, sagte William. »Rus und Christa, das Lamm, das in Franz' Traum erschienen ist. Eigentlich ist es ganz passend, dass sie gerade jetzt hierher gebracht wurde. Das Weiße war immer das Kennzeichen der Zisterzienser, aber wird das Weiße auch das aufwiegen können, was sich aus der Zeit der Benediktiner in den schwarzen Kellergewölben versteckt? Wird Rus sie verschlingen und uns anspeien oder wird sie ein Instrument Gottes zur Erlösung des Ordens sein?«

Sein alter Freund nickte langsam, während er sagte: »Das wird die Zeit zeigen, William. Uns steht eine schwere Probe bevor, der wir nicht vorgreifen können, indem wir übereilt handeln. Die Zeit wird uns das Ergebnis zeigen, denn in diesem Fall können wir uns nicht selbst helfen. Wir sind nur hilflose Akteure in einem Spiel mächtiger Kräfte. Gott wird die Hand über uns halten!«

»Lass uns zur Komplet gehen!« William erhob sich und half Sigurd auf die Beine. Der kalte, feuchte Frühling hatte die Gelenke des Alten steif und schmerzhaft gemacht.

In den kommenden Wochen schlug das Wetter um. Der Frühling wurde zum Sommer und die Sonne schien warm auf eine Landschaft, die sich nach der langen Regenzeit grün und fruchtbar ausbreitete. Bruder Franz lag nicht auf der faulen Haut und schon nach kurzer Zeit hatte er im Klostergarten quadratische und rechteckige Beete ausgestochen, besät und beschnitten. Die Brüder hatten viel Freude an seinem großen Wissen über die Eigenschaften der unterschiedlichen Kräuter und die umständliche Verarbeitung von Pflanzenextrakten zu wirkungsvoller Medizin. Franz hielt mit seinem Wissen nicht hinter dem Berg. Viele Jahre lang hatte er diese besondere Form der Gartenarbeit und die nachfolgende Nutzung der Ernte erlernt. Er kannte auch den alten Griechen, Galen, dessen Rezepte für Säfte und Infusionen universell anerkannt waren, und daneben konnte er sich des Wohlwollens verschiedener Lehrmeister glücklich preisen. Jetzt erfüllte es ihn mit Stolz und Freude, dass er wiederum sein Wissen weitergeben konnte. Er war in Salerno gewesen, wo der Domherr von Roskilde, Henrik Harpestræng, an der berühmten Arztschule studiert hatte. Er hatte von den Vorbereitungen zum ersten abendländischen Pharmakopoe gehört, einem Arzneibuch, in dem alles Wissen niedergeschrieben und die gesamten Aussagen der Heilwissenschaften über heilende Stoffe gesammelt werden sollten. In Cîteaux, wo er die letzten Jahre gedient hatte, hatten die Brüder ihm neben den vielen Samen und getrockneten Kräutern ein paar Pergamentrollen geschenkt, auf denen die Schreiber die wichtigsten Merkregeln der Botaniker niedergelegt und mit schönen, sehr genauen Zeichnungen der Kräuter in den verschiedenen Wachstumsphasen versehen hatten. Zusätzlich hatten sie ihm eine kleine Holzpresse verehrt, sodass er sein eigenes Herbarium aufbauen konnte.

Christa war schon vor langer Zeit getauft worden und die Brüder kümmerten sich mit der Zeit ganz selbstverständlich um das Kleinkind. Mit Franz' Hilfe war es ihnen gelungen, die meisten Probleme zu bewältigen, vom Ausschlag bis zu Krampfschmerzen. Denn Franz hatte ihnen gezeigt, dass es für fast alles eine Kur gab. Immergrün oder Vinca minor konnte die Darmkrämpfe des Kinds lindern, Weißer Andorn war geeignet, um juckreizstillende Salben herzustellen. Baldrian in warmer Milch ließ das Kind umgehend einschlafen, ein Hausmittel, das die Brüder als einen Segen Gottes ansahen, und Pestwurz war fiebersenkend und half gegen Infektionen. Alle kleineren Unpässlichkeiten ließen sich offensichtlich mit Franz' wunderbaren Mitteln kurieren. Aber was wäre, wenn ernstere Krankheiten sich unter ihnen ausbreiten würden? Niemand zweifelte daran, dass die Zwiesprache mit Gott der einzige Weg von irdischem Frieden zu himmlischer Erlösung war. Denn Gottes Willen gegenüber waren sie alle machtlos und deshalb würden sie sich auch allem unterwerfen, was ihnen an Widerwärtigkeiten und Leiden zugedacht war. Franz war kein Wunderheiler und auch sein großartiges Wissen durfte sie nicht zu Eitelkeit und übertriebenem Interesse an ihrem vergänglichen Fleisch verleiten!

Als Bruder Martin eines Tages Christa ganz apathisch und mit gelblicher Haut auf dem Bett liegend fand, schlug er Alarm. Abt William, der die ganze Zeit auf das Schlimmste gefasst war, kam herbeigeeilt und bekreuzigte sich, als er sah, dass selbst die milchige Iris des Kinds eine unangenehme gelbliche Farbe angenommen hatte. Das war das Ende von allem. Der Fluch war über sie gekommen! Es war ihnen nicht gelungen, die Verantwortung für dieses Kind zu tragen!

Endlich kam Franz herbeigelaufen. Er warf einen kurzen Blick auf das reglose Wesen, griff sich einen kleinen Lederbeutel von seinem Regal und verschwand in der Küche. Nach einer Weile kam er mit einer Flasche Saft zurück. »Scharbockskraut mit Honig und Essig«, erklärte er. »Sie hat Gelbsucht, das habe ich schon früher gesehen, das kann geheilt werden!« Er träufelte dem Mädchen den Saft in den Mund und achtete darauf, dass nichts danebenlief.

»Auch wenn es schlimm aussieht, darf man nicht zögern, andere, praktischere Dinge als Gebete und Beschwörungen anzuwenden!«, bemerkte er und wendete sich mit lächelndem Gesicht den besorgten Mönchen zu.

»Es gibt gute Chancen für eine Genesung, auch wenn man ihren Zustand nicht zu leicht nehmen darf! Lassen wir die Zeit für uns arbeiten. Morgen können wir bereits eine Besserung erwarten, wenn Gott es will!«

Er stellte die Flasche neben sich auf einen Schemel und erklärte: »Ich werde ihr diesen Saft im Laufe des Tages jede zweite Stunde geben. Danach, wenn sich ihr Zustand gebessert hat, kann ein anderer die Pflege übernehmen. Bruder Martin?«

Er schaute seinen Bruder fragend an, der eifrig nickte. Er

würde wachen, damit Franz seinen Schlaf bekäme und die Stundengebete nicht versäumte.

Wie Franz vorhergesagt hatte, erholte Christa sich schnell und die Brüder atmeten erleichtert auf. Aber kaum war diese Sorge vorbei, da erreichte eine traurige Kunde Esrom. Bernhard war tot! Und sonderbarerweise hatte der Abt einige Wochen zuvor die Nachricht erhalten, dass Eskil auf dem Weg nach Esrom war. Der Erzbischof, der einige Wochen in Deutschland zugebracht hatte, konnte also von Bernhards Tod noch gar nichts wissen, was auch aus einem Brief hervorging, der teilweise an Eskil gerichtet war. William machte sich bereit, den Wohltäter des Klosters mit der traurigen Nachricht zu empfangen. ›Bernhard, unser Bruder und Freund, schläft‹, hatte der Clairvaux-Mönch Geoffrey geschrieben, ›aber ein Teil von ihm schläft nicht. Seine Seele wacht über uns.‹ Danach hatte Geoffrey mit seiner Feder einen persönlichen Gruß an Eskil hinzugefügt, dessen tiefe Freundschaft zu Bernhard allen bekannt war. Es war William bewusst, dass Bernhards Tod mehr als der Verlust eines Bruders war; mehrfach hatte Eskil die lange, gefährliche Reise nach Clairvaux um Bernhards willen unternommen und hatte für diese Zeit den Bischofssitz in Lund seinem Stellvertreter überlassen – eine riskante Handlung, die möglichen Feinden freie Hand im Spiel um die Macht geben konnte, auch wenn Eskil sehr geschickt darin war, sich während seiner Abwesenheit mächtiger Verbündeter zu versichern. All das für Bernhard! Diese echte Freundschaft, das selbstlose Handeln für einen Bruder des Ordens, war ein Beispiel, das die Gemeinschaft der Brüder stärken musste. Bernhard war es wirklich gelungen, dem stolzen, harten Erzbischof nahe zu kommen.

Es waren unruhige Zeiten für die Zisterzienser. Sie hatten sich in einem Land angesiedelt, in dem die Vergangenheit die noch unsicheren Meilensteine des Christentums bedrohte. Gegenüber dem Klosterleben herrschte ein weit verbreitetes Misstrauen, auch wenn der König und der Adel sich dreingefügt hatten und damit begannen, den Klöstern für ihr künftiges Wohl beträchtliche Schenkungen zu machen. Und auch unter dem gemeinen Volk war ein Meinungswandel zu erkennen: Die Legende vom Priester Poppo erzählte man sich mittlerweile in jeder Stadt und sie überzeugte bei weitem mehr Dänen, als es die Messen und die fromme Lebensweise der Mönche vermochten. Die dramatische Erzählung von der Feuerprobe, die zur Bekehrung des Wikingerkönigs Harald Blauzahn geführt hatte, bekam ihr glückliches Ende bei Jelling in Stein gemeißelt: Der König bezeugte vor aller Welt seine Bekehrung zum Christentum, indem er ein Monument zu Ehren des Ereignisses errichtete. Dass Poppos bei der Feuerprobe in die Flammen gehaltene Hand unverletzt geblieben war, bot einen Mythenstoff, der lange Zeit als überzeugender Beweis für das Christentum angeführt wurde. Dieses Motiv wurde bei der Ausschmückung von Kirchenwänden, Altartafeln und anderen Dingen, die mit gravierten, gemalten oder gezeichneten Bildern versehen werden konnten, besonders häufig verwendet. Poppos Hand und das Feuer, das ihn nicht besiegen konnte! Das war ein Wunder, und Wunder waren es, die benötigt wurden. Das hatte Eskil bereits zu einem früheren Zeitpunkt eingeräumt. Er wusste, dass starke Argumente notwendig waren, um die herrschenden Männer von der Notwendigkeit zu überzeugen, der Kirche zu spenden, soviel sie konnten, an geistiger Treue wie auch mit klingender Münze. Besonders ein umfangreiches Vermögen war für die weitere Ausbreitung und Blüte der Klosterbewegung von großer Bedeutung. Dass man seiner Kirche etwas gab, war für die christianisierten Dänen nur natürlich. Es war für jeden Einzelnen in der Gemeinde ein Anliegen. Aber den Klöstern! Wer wollte schon von seinen geringen Schätzen den abseits gelegenen und sich sichtlich gut selbst versorgenden Klöstern spenden! Die Mönche konnten sich doch wohl von den Früchten ihrer eigenen Arbeit ernähren! Eskil kannte diese Einwände und sagte sehr deutlich, dass die kleinen Gemeinden in der unmittelbaren Nähe der Klöster nicht die einzige Quelle zur Mehrung der Besitztümer der Klöster sein dürften. Er wollte den Orden der Zisterzienser sich ausdehnen sehen, aber ohne bedeutenden Landbesitz würde kein Kloster in der Lage sein, die notwendige Selbstständigkeit zu erreichen, damit die Ordensbrüder ungestört wirken konnten. Bernhard von Clairvaux hatte sich um weltliche Güter und ökonomische Fragen des Ordens wenig gekümmert. Eskil respektierte Bernhard, doch er sah die Dinge aus einer anderen, praktischeren Sicht. Wenn es dem Orden, *seinem* auserwählten Orden gelingen sollte, Mittel für einen gewissen Wohlstand zu erlangen, dann musste er dafür sorgen. Die Zisterzienser sollten sich in Skandinavien niederlassen und er war der Mann, der diese Entwicklung so beeinflussen konnte, dass sie nach seinen Wünschen verlief. Und dafür war Geld nötig, viel Geld und viel Land!

Wunder, die vornehmsten Aktivposten der Klöster und Eskils bevorzugte Handelsware, standen hoch im Kurs. Wunder waren der Beweis. Wunder offenbarten Gottes Macht. Aber wie konnte man wissen, ob ein Ereignis, phantastisch oder einfach nur bemerkenswert, ein Wunder war? Wie konnte man sicher sein, dass Gottes Hand eingegriffen hatte? Auch auf diese Frage wusste Eskil eine Antwort! Ein Wunder musste natürlich durch die höchste Instanz der Kirche validiert werden. Der Bericht von einem Wunder musste in gebührender Form verbreitet, weitergeleitet und dem Papst vorgetragen werden, der schließlich mit seinem Siegel die unverfälschte und göttliche Wahrheit des Wunders schriftlich bezeugte. Mit dieser versiegelten Erklärung in den Händen konnte Eskil oder sein Sendbote dann zurück in den Norden reisen und das Wunder als das verkünden, was es war. Bewiesen und gutgeheißen, um dem gottesfürchtigen Adel und dem Königshaus bedeutende Mengen irdischen Guts zu entlocken.

Wegen Eskils erwarteter Ankunft hatten die Esrombrüder seit einiger Zeit ihre Arbeit an den größeren Projekten verstärkt. Sie wollten gern etwas vorzuweisen haben, wenn der Erzbischof ihnen seinen Besuch abstattete. Schließlich hatte er mehrere Monate in Clairvaux verbracht und würde zweifellos Vergleiche zwischen dem Stammhaus und dem neuen Aussiedlerkloster ziehen. Und durch die Arbeit hier in Esrom sollte außerdem die Erinnerung an Bernhard, den toten Gründer des Klosters Clairvaux, lebendig gehalten werden.

Erland war gerade damit beschäftigt, das neue Wasserreservoir zu inspizieren, das hinter dem Kräutergarten des Klosters ausgehoben wurde. Da sich das Kloster in einer Talsenke befand und ein See in der Nähe lag, bot es sich geradezu an, Grundwasser und Regenwasser zu sammeln. Bruder Erland hatte außerdem Pläne, das Wasser von der Zisterne hinaus zu dem nächstgelegenen Feld zu leiten. Wenn das Projekt glückte, wollte er weiter an der Entwicklung des Systems arbeiten. Er war sehr stolz auf sein Projekt, das sich mit der Zeit als äußerst hilfreich erweisen könnte, um den Feldertrag bei großer Trockenheit zu retten. Vorläufig betrachtete er zufrieden den ersten Schritt. Er hatte sich außerdem viel Mühe gegeben, seine vier Assistenten, Mogens, Peder, Jakob und Niels, anzulernen. Alle vier waren junge Novizen, die Erlands Visionen interessiert lauschten. Mit der Zeit waren sie ganz fähige Handwerker geworden und keiner von ihnen schien das Skriptorium oder den Küchendienst zu vermissen. So sah es also aus, als würde die kleine Mannschaft sich zu Meistern ihres Fachs entwickeln. Jakob, der jüngste Bruder, hatte sogar vorgeschlagen, über die geplante Wasserrinne aufs Feld hinaus zu versuchen, das Wasser direkt in die Küche zu leiten. Das war ja nur eine ziemlich kurze Distanz und es würde die Hausarbeit beträchtlich erleichtern! Aber hier hatte Erland seinen enthusiastischen Bruder gebremst. Es musste Grenzen für den Erfindungsreichtum und die Bequemlichkeit geben. Wasser für den Haushalt konnte von der Zisterne geholt werden und damit Schluss. Die Idee, Zeit und Kräfte darauf zu verwenden, das Wasser direkt in die Küche zu leiten, war direkt verachtenswert. Was würde das Nächste sein? Wenn die Gedanken der Brüder nur um die Erleichterung ihrer Arbeit kreisten, stand der Sinn ihres Mönchslebens auf dem Spiel. Die Zisterzienser arbeiteten und mühten sich, weil es Gottes Wille war, und Erfindungen, die einer unvertretbaren Bequemlichkeit dienten, waren der direkte Weg ins Verderben! Jakob senkte beschämt seinen Kopf und begab sich mit der Ermahnung, auf bessere Gedanken zu kommen, zum Gebet in die Kapelle!

In dem Skriptorium hatte Martin sich in seine Illumination von Bruder Rus' Vertreibung aus Esrom vertieft. Abt William hatte ihm die Aufgabe zugeteilt und das Motiv hatte Martin sofort fasziniert. Er hatte zwar keine Ahnung, wie dieser Rus ausgesehen hatte, aber es gab keinen Zweifel, dass er den Brüdern anfangs ein angenehmes, sympathisches Antlitz gezeigt hatte. Martin beschloss nach einigen Überlegungen, einen kleinen Bilderfries zu machen, der das einschmeichelnde, verlockende Spiel des Teufels mit den nichts ahnenden Mönchen zeigen sollte, den Fall der schwachen Seelen und schließlich die Entdeckung und Austreibung. Bruder Franz hatte ihm mit den Farben geholfen. Er hatte Martin auf eine lange Wanderung mitgenommen, bei der sie an verschiedenen Punkten die Erde aufgegraben und Wurzeln, Pflanzenstiele und sogar Ton gefunden hatten, was alles zu kräftigen, haltbaren Farben verarbeitet werden konnte, die für das Illuminieren von Bildern gut geeignet waren. Martin war zunächst skeptisch gewesen. Pflanzenfarben waren zwar bekannt, aber die Art, wie Franz sie herstellte, glich der Methode, mit der Textilfarben vorbereitet wurden. Außerdem benutzte man üblicherweise Materialien, die aus Pflanzen aus fernen, südlichen Regionen gewonnen wurden. Er selbst verwendete Tinte und Farben, die aus fremden Substanzen hergestellt waren. Er hatte sich nie um die komplizierten Verarbeitungsprozesse gekümmert, aber jetzt, wo er sich so weit entfernt von allen Handelswegen befand, hatte er sich dankbar auf Franz verlassen. Es konnte trotz allem nicht schaden, einmal neue Farben auszuprobieren. Wenn sie verblassten, konnte er das Motiv immer noch mit den ›richtigen‹ Farben illuminieren, die ein Bruder aus Clairvaux früher oder später herbringen würde. Vorläufig schien es aber ganz so, als wären Franz' Farben mindestens so gut wie die alten, erprobten Farben.

Er war dabei, das letzte Bild des Frieses fertig zu stellen. Es zeigte den leibhaftigen Teufel mit Hörnern und blutrotem, nacktem Körper, der in den Brunnen sprang, während die weiß gewandeten Brüder ihm ihre goldenen Kruzifixe als Schutz und Waffe entgegenhielten. Martin freute sich besonders über die neue rote Farbe. Sie hatte einen sehr lebendigen, strahlenden Schein und nach jeder Schicht, die er dem Körper des Teufels auflegte, schien die Figur noch deutlicher hervorzutreten. Fast als wäre sie aus Fleisch und Blut. Die goldene Ockerfarbe war auch nicht schlecht. Die hochgereckten Kreuze strahlten, als würden sich die Strahlen der Sonne im Gold spiegeln. Martin hatte überlegt, ob er sie mit Blattgold belegen sollte, aber nachdem er gesehen hatte, wie die Farbschichten wirkten, war er zu dem Entschluss gekommen, das kostbare Material lieber für eine andere Gelegenheit aufzusparen. Die Arbeit war wirklich geglückt, so wie sie jetzt erschien! Er lehnte sich zufrieden auf seinem Stuhl zurück und dachte, dass nur noch eine einzige Farbschicht fehlte, dann konnte er das Ergebnis William präsentieren – und Eskil natürlich auch! Er war ziemlich stolz auf seine Arbeit. Und Rus' wahres Gesicht würde nunmehr allen zur Warnung und zum Schrecken dienen können. Es läutete zum Gebet und Martin stand auf, wobei er sich die Hände an einem Lappen abwischte, der über der Stuhllehne gehangen hatte. Als er das Zimmer verließ, warf die Sonne ihre letzten, roten Strahlen auf seine Arbeit und es sah aus, als würde die Haut des Teufels von einer inneren Glut erhellt. Konnten Franz' meisterlich hergestellte Farben wirklich solch einen Effekt hervorrufen!

Im Stall stand der alte Uffe und rüttelte Jens, der anscheinend hinter dem Futtertrog in Trance gefallen war. In den letzten Tagen hatten die beiden sich mit dem neuen Lehmboden abgemüht, der gleichmäßig gestampft werden musste. Außerdem hatten sie den Stall bis auf den Boden ausgemistet, was nur jedes halbe Jahr gemacht wurde, wenn die Tiere bereits einen halben Meter über dem Boden standen. Das tägliche Ausmisten bestand nur aus einem oberflächlichen Einsammeln des Dungs, der auf den Misthaufen gefahren oder für den Garten benutzt wurde. Was liegen blieb, hielt die Wärme im Stall und die frische Streu sorgte dafür, dass die Tiere es immer angenehm trocken hatten. Jens hatte seinen Teil der Arbeit gemacht und Uffe hatte sich über dessen relativ lange Periode von Stabilität und offensichtlicher geistiger Ausgeglichenheit gefreut. Aber damit war es jetzt leider vorbei. Zitternd stand Jens da und machte abwehrende, beschwörende Handbewegungen. Als Uffe näher trat und ihn fragte, was denn los sei, bekam er keine klare Antwort. Er konnte nicht einmal sagen, wieweit Jens sich selbst über seinen Zustand im Klaren war. Es schien, als würde er nichts anderes als eine unsichtbare Bedrohung sehen oder hören, gegen die er sich zu verteidigen versuchte. Uffe trat dicht an ihn heran und packte den jungen Mann fest bei den Schultern. Bei der Berührung erstarrte Jens, ließ sich dann aber ohne Gegenwehr zur Kapelle führen. Dort war es Zeit für die Gebete und vielleicht konnten ihn die Gesänge beruhigen. Das taten sie eigentlich immer.

Die Tiere standen ruhig da und kauten das frisch eingeschüttete Heu, aber in der Ecke hinter dem Futtertrog polterte es. Vielleicht war es ja nur eine Ratte, das etwas schrille Piepsen des Tiers erinnerte allerdings an das Weinen eines Kinds. Aber davon ließen sich die Kühe nicht stören.

Christas erste Zeit in Esrom war ganz gut verlaufen. Bis auf einige leichtere Erkrankungen und kleinere Probleme hatten die Brüder keinen Grund zur Sorge gehabt. Sie hatten gelernt, mit einem Kleinkind zu leben, und alle wollten an ihrer Erziehung teilhaben. Selbst Jens, der an sich schüchtern und sehr zurückhaltend war, zeigte ein wachsendes Interesse an der neuen Mitbewohnerin. Und jetzt, vor Eskils Ankunft, schien sein Interesse für das Kind noch deutlich größer zu werden. Wahrscheinlich war ein gewisser Beschützerdrang über ihn gekommen. Auch wenn die Mönche ihm nie die Verantwortung für sie überließen, war er oft in ihrer Nähe. Wenn die Brüder ihr Bett hinausgestellt hatten, damit sie die frische Luft genießen konnte, war auch Jens draußen. Er hielt sich in der Nähe auf und kontrollierte sorgfältig, dass der Sonnenschutz, den Franz hatte herstellen lassen, weil Albinos direkte Sonnenstrahlen nicht vertragen können, auch seinen Dienst erfüllte. Aber er kam ihr nie wirklich nahe. Dafür trieb er einen großen Aufwand mit seinen beschützenden Beschwörungen, wenn er um sie herumschlich. Anfangs hatte es einige der Brüder irritiert, vor allem William, der den blinden Glauben des jungen Mannes an alle möglichen Talismane als ungesund und an der Grenze zur Ketzerei angesehen hatte. Aber er ging nicht näher darauf ein, da diese Aktivitäten offensichtlich das Einzige waren, das den verwirrten Menschen beruhigen konnte. Und Christa schien seine sonderbaren Beschwörungen und Bewegungen lustig zu finden. Jedenfalls verfolgten ihre Augen intensiv Jens, sobald er in ihr Blickfeld kam.

Am Tag vor Eskils erwartetem Kommen waren alle mit den letzten Vorbereitungen beschäftigt. Jede Ecke wurde mit Besen und Wischlappen gesäubert. Alles sollte strahlend sauber sein. In der Kapelle glänzten Gold und Silber frisch geputzt und poliert und in den Kerzenhaltern steckten neue Altarkerzen. Franz hatte frische Blumen in die Vasen gestellt, eine Sitte, die er von seinen Reisen in den Süden mitgebracht hatte. Es herrschte strahlender Sonnenschein, und William, der alles mehrere Male inspiziert hatte, ohne etwas bemängeln zu können, hatte vor Nervosität und vibrierendem Tatendrang die vier jungen Novizen angestellt, den Hofplatz zu fegen. Als sie vor lauter Ausgelassenheit anfingen, sich gegenseitig mit den Besen zu necken, war er herausgestürmt und hatte sie streng ermahnt, sich würdig zu verhalten. Wie konnten sie nur derartige Possen treiben – und das am Tag vor der Ankunft des Erzbischofs! Aber im Stillen war er dankbar für ihre unbekümmerte Freude. Solange sie ihr nachgaben, würde keine Angst die Oberhand gewinnen können. Jens' Verhalten in letzter Zeit hatte William nämlich stärker bekümmert, als er sich hatte anmerken lassen: Es passte nur allzu gut zu seinem eigenen, immer stärker gewordenen Alptraum. Wie Jens' Unruhe mit Christa und ihrem weiteren Wohlbefinden verknüpft zu sein schien, so waren auch seine eigenen Träume auf das überwältigende Verlangen gerichtet, das Kind vor dem Bösen zu beschützen. Warum? Weil, versuchte er sich selbst zu erklären, das eine Aufgabe war, die ihre Kräfte gegenüber dem lauernden Feind auf die Probe stellen würde. Aber die Träume von dem dunklen Schatten, der konstant über dem Findelkind lag, erschienen mit der Zeit immer dringlicher und deutlicher. Sie waren verknüpft mit dem Keller unter der Küche und er hatte ›gesehen‹, dass der Schatten langsam den dünnen Sonnenstrahl schluckte, der sich durch das kleine Fenster hineinzwängte. William schüttelte resigniert den Kopf. Das waren nur Träume – keine Warnungen. Wenn Eskil da war, würde er dafür sorgen, dass das Kind Eskils Segen bekam. Das würde ihm vielleicht zu einem weiteren Schutz verhelfen.

Er wurde in seinen Gedanken von Bruder Severin gestört, der mit blutbespritzter Schürze über den Hof herankam, wobei ihm der Schweiß übers Gesicht lief. Er hatte gerade ein Schwein geschlachtet und den Rest der schweren Arbeit mit dem Brühen und dem groben Tranchieren einigen der Brüder überlassen, die in der Küche arbeiteten. Er wollte später zurückkommen und das endgültige Zerteilen übernehmen. Gerade hatte er William entdeckt und war der Meinung, dass der Augenblick günstig wäre, diesem eine dringende Sache vorzutragen. William nickte ihm zu und machte eine einladende Geste, die sofort Severins Zunge in Bewegung setzte. Der kleine, stämmige Mann wischte sich die Stirn mit dem Ärmel ab und verneigte sich leicht vor dem Abt: »Wir wollten eigentlich heute zwei Schweine schlachten. Aber gestern ist eins verschwunden. Wir haben angenommen, dass Jens vergessen hatte, den Koben zu verschließen, aber er behauptet steif und fest, in keiner Weise etwas versäumt zu haben.«

Severin seufzte und fuhr fort: »Das Schwein war weg, aber heute Morgen, als ich in die Küche kam, habe ich zu meiner großen Verwunderung entdeckt, dass in der Vorratskammer eine lange Reihe Würste, ein Vorderviertel und zwei Eisbeine hängen. Außerdem lag ein Schweinekopf mit einem Apfel im Maul auf dem Tisch!«

Der kleine Mann verdrehte die Augen und schüttelte verzweifelt den Kopf.

»Es sieht so aus, als wäre das Schwein geschlachtet worden, aber wer hat das gemacht? Keiner in der Küche hat eine Ahnung davon!«

Ein geschlachtetes Schwein, dachte William, während er verwundert den kleinen Schlachter ansah, dessen Tonsur trotz des sehr kurzen Schnitts ihm wild zu Berge stand. Ist denn jetzt hier alles vollkommen durcheinander gekommen! Er seufzte und überlegte, was er dem Mann sagen sollte. Severin war nicht einer der klügsten Brüder, aber er versah seine praktische Arbeit trotz seines etwas verwirrten Charakters sehr genau und außerdem konnte auf seine Chorstimme kaum verzichtet werden. Aber wie konnte er hier einfach behaupten, jemand hätte die Arbeit für ihn gemacht!

»Du willst damit sagen, dass jemand ungesehen und ungehört hier im Kloster ein Schwein geschlachtet hat, Bruder Severin?«

Der Mönch nickte eifrig, besann sich dann aber.

»Vielleicht ist das Schwein ja wirklich nur davongelaufen, denn wer kann in einer einzigen Nacht Würste machen? Und außerdem war ein Vorderviertel auch noch geräuchert! Also, wenn ich es mir recht überlege, dann kann es nicht unser Schwein gewesen sein. Aber von wem ist dann dieses Geschenk?«

William nickte. Das Schwein musste einfach weggelaufen sein. Es war ausgezeichnet, dass Severin selbst darauf gekommen war, aber es blieb die Frage nach den Esswaren in der Vorratskammer. Vielleicht hatten Gönner des Klosters das Fleisch im Morgengrauen hineingelegt. Es gab trotz allem einige Bauern in Nødebo, die regelmäßig in Esrom vorbeikamen, um sich einige Heilkräuter einzutauschen oder dem Messgesang zu lauschen. Und die hatten ja schon gehört, dass der Erzbischof Eskil aus Lund erwartet wurde. Selbst die einfachen Leute kannten die höchste Autorität der Kirche in den nordischen Ländern.

»Versuche herauszufinden, ob jemand aus Nødebo hier gewesen ist, Severin. Ich denke, dass es sich um ein Geschenk handelt. Wir dürfen nicht vergessen, unserem Gönner zu danken, wenn er sich zu erkennen gibt.«

Nachdem er die letzten Worte gesagt hatte, durchfuhr ihn plötzlich ein Schauder. Wenn er sich zu erkennen gibt, erklang das Echo in seinem Gehirn. *Wenn er sich zu erkennen gibt!*

Als Eskil in Esrom ankam und die Nachricht von Bernhards Tod überbracht bekam, nickte er nur und bat darum, dass eine seiner Reisetaschen gebracht wurde. Die Mitteilung hatte seine Züge verdüstert, aber William wunderte sich darüber, dass kein Zeichen der Überraschung im Gesicht des Erzbischofs zu entdecken war. Eskil saß nachdenklich nickend da, als hätte er erwartet, vom Tod seines alten Freundes zu erfahren. Als er kurz darauf seine Reisetasche in den Händen hielt, zog er ein kleines Päckchen heraus. Es enthielt ein Stück Brot, das Bernhard ihm bei seiner Abreise gegeben hatte. Das war jetzt bereits Monate her und seht: Das Brot war immer noch frisch. Eskil überreichte es William, der es verwundert in den Händen hin und her drehte. Ein Wunder? Vielleicht, aber das Brot musste noch eine ganze Weile aufbewahrt und beobachtet werden, bevor man wirklich an ein wahres Wunder glauben durfte! William sah ein, dass es eine große Bedeutung für sein Haus hier in Esrom haben könnte. Wenn er dafür sorgte, dass diese Gabe mindestens ein Jahr lang bewacht wurde und das Brot dann immer noch so frisch war wie jetzt, konnte Eskil oder sein Bote in den Süden ziehen, um das Wunder anerkennen zu lassen, damit die Welt, und nicht nur die Ordensbrüder, daran glauben konnten. Das Kloster hatte ja bereits einen gewissen Respekt unter den umwohnenden Bauern erlangt und William zögerte nicht damit, Eskil zu erzählen, dass die Speisen, die sie ihm servierten, ihnen von einem in der Nähe wohnenden jungen Bauern geschenkt worden waren, der vor kurzem den Hof seines Vaters übernommen hatte. Es war Severin selbst, der die Sache mit dem Geschenk eines

Unbekannten aufklärte. Schon am Nachmittag nach Severins Bericht bei William war ein junger Mann auf den Hof gefahren und hatte sich als Rupert vorgestellt. Er hatte bisher keinen Kontakt mit den Brüdern gehabt, wollte jedoch eine gute Nachbarschaft mit einem Geschenk für das Kloster einleiten. Severin hatte ihm gedankt, konnte sich aber nicht auf ein längeres Gespräch einlassen, weil Eskils Gefolge bereits auf dem Hügel zu sehen war. Der Mann war wieder fortgefahren, hatte jedoch versprochen zurückzukommen. William war dankbar für die schnelle Klärung der Sache. Ihn hatten die schlimmsten Gedanken geplagt. Aber im Augenblick waren sie von der Freude verdrängt, den Erzbischof zu Gast zu haben.

Als Eskil nach der anstrengenden Reise geruht hatte, ließ er sich wieder bei William melden, der ihn in die Kapelle geleiten wollte. Er freute sich auf die Mette um Mitternacht, in der Severin seinen Chor einige neue Psalmen singen lassen würde, die zu dieser Gelegenheit geschrieben worden waren. Und morgen würde er Näheres über das Albinomädchen erfahren, das ins Kloster gekommen war. William hatte ihm in kurzen Zügen von Christa berichtet ... Welch sonderbare Geschichte.

2. Wissen

Die ersten Zeilen über Christa sind notiert worden, um später im ›Liber Miraculorum‹ niedergeschrieben zu werden. Herbert hört zu, während Eskil erzählt. Sobald Eskil ihn verlassen hat, wird er aufschreiben, was er gehört hat. So werden die beiden alten Männer weitermachen, bis die Geschichte über Esroms Wunderkind fertig ist.

Eskil wusste natürlich nichts von den verwirrenden Dingen, die in den ersten Monaten nach Christas Ankunft das Leben im Kloster prägten. Aber William erzählte von Bruder Franz' Traum und von den Erwartungen und Sorgen, die mit dem Auftauchen des Findelkinds verbunden waren. ›Bruder Rus‹ war ein lauernder Schatten, alles schien sich um ihn zu drehen, doch zu diesem Zeitpunkt schien er Eskil nur ein fernes Schreckensbild zu sein. Er hatte William zugehört, war aber bisher nicht im Stande gewesen, dessen Furcht zu teilen.

Eskil seufzt und versucht seine Gedanken zu sammeln, um nicht seinen eigenen Schilderungen von dem, was Esrom an Gutem und Bösem beherbergte, vorzugreifen. Herbert lächelt und nickt geduldig.

Die Angst vor Bruder Rus ließ schnell nach, ganz wie Eskil

es erwartet hatte. Die Jahre vergingen, ohne dass sich der gefürchtete Teufel in Esrom zeigte. Die Brüder waren erleichtert und gingen davon aus, dass Rus für alle Ewigkeit verschwunden war. Währenddessen wuchs Christa heran und nahm immer mehr teil am Klosterleben. Eifrig sog sie alles Wissen von ihren vielen Pflegevätern auf ...

An einem blendenden Sonnentag im Februar lief eine kleine, elfenähnliche Gestalt Bruder Erland entgegen. Ihr Umhang und Kleid waren aus hellem, ungefärbtem Stoff, und ihr Haar, das ihr offen um den Kopf flatterte, war vollkommen ohne Farbe, weiß wie das eines Greises. Ihr Gesicht war blasser als Schnee und die Augen waren durchsichtig wie Glas. Das war Christa! Sie war auf den gefrorenen Feldern des Klosters umhergelaufen, froh darüber, nach wochenlangem Eingesperrtsein wegen heftiger Stürme, die die Gegend heimgesucht hatten, endlich wieder hinauszudürfen. Heute schien zum ersten Mal seit langer Zeit die Sonne, und kaum war das Licht zurückgekehrt, schon war sie in ihren Umhang geschlüpft und auf eigene Faust hinausgelaufen. Sie war jetzt sieben Jahre alt und die Brüder sahen keinen Grund, sie weiterhin ständig zu beaufsichtigen. Sie lief voller Vertrauen auf dem Klostergrund umher. Da sie noch nie in ihrem Leben über die Flurgrenzen hinausgegangen war, hatte sie sich stattdessen intensiv damit beschäftigt, jeden Winkel des Geländes zu erforschen. Wenn sie Zeit hatte, allein herumzustreifen. Das Leben, das sich um sie herum abspielte, war so voller interessanter Aktivitäten, dass sie nur dem Bruder zu folgen brauchte, dessen Arbeit sie sich genauer ansehen wollte, und dann, soweit es ging, ihm dabei zur Hand zu gehen. Doch die Stundengebete und die Lehre von den Aufgaben der Zisterzienser bildeten den festen Rahmen, auf dem ihr Tagesablauf aufgebaut war. Von der Mette zur Mitternacht war sie aus praktischen Gründen befreit worden. Die Brüder konnten sie ganz einfach nicht wach kriegen, wenn es so weit war, und sie schon gar nicht während des Gottesdienstes wach halten. Sie gaben auf und Christa wurde erlaubt, friedlich die Nacht durchzuschlafen. Wenn sie älter sein würde, wäre das keine Entschuldigung mehr, sagte William. Aber bis auf weiteres mussten sie sich damit abfinden.

Da sie bereits frühzeitig Anzeichen für eine außergewöhnliche Begabung und eine schnelle Auffassungsgabe zeigte, hatte Franz begeistert angefangen, ihr alles Mögliche zu erzählen, was er über Pflanzen und deren heilbringende Eigenschaften wusste. William hatte allerdings Bedenken, weil er fürchtete, dass diese ganze Lehre von den Heilkünsten bei dem Kind die Lehre von der Demut und der Unterordnung unter den Willen Gottes in Misskredit bringen könnte. Wie konnten sie erwarten, dass Christa den Zusammenhang verstehen würde, denn auf den ersten Blick sah es doch so aus, als würde das eine das andere ausschließen. Den Kern des Problems bildete Franz' Begeisterung. Seine feste Überzeugung, dass der Mensch die Pflicht hatte, sich selbst zu helfen, näherte sich fast einem unchristlichen Glauben daran, dass der Mensch diese Aufgabe vollständig bewältigen könnte. William ermahnte ihn und erinnerte ihn daran, dass ein verantwortungsbewusster Lehrmeister den Umfang seiner Lektionen immer an den Voraussetzungen seiner Schüler ausrichtete.

Mit Erland war es etwas einfacher als mit Franz. Seine Konstruktionsarbeiten waren handfest und praktisch, ohne die Glaubenssätze der Zisterzienser anzufechten. Seine Erfindungsgabe kam allen zu Gute und seine Werke waren gleichzeitig kleine Monumente Gott zu Ehren. Jedes Mal, wenn ein Projekt abgeschlossen war, hielten Erland und sein Geselle an dem Bauwerk einen kurzen Gottesdienst ab, bei dem betont wurde, dass für das erfolgreiche Resultat Gott die Ehre zuteil werde. Und Christa wurde natürlich in alle technischen Finessen der Zisterne eingeweiht, in der Regenwasser gesammelt wurde, um es weiter aufs Feld zu leiten. Und sie kannte die Brunnenpumpe, die mit Hilfe eines einfachen Hebelprinzips das Wasser durch einen Auslauf in einen Bottich fließen lassen konnte.

Das alles war äußerst interessant, aber wenn Bruder Franz ihr von den Geheimnissen der Pflanzen erzählte und wenn sie sehen – und manchmal sogar am eigenen Körper verspüren – konnte, wie die Kräutermixturen wirkten, dann war es für sie wie eine Offenbarung. Das war in ihren Augen wie ein Wunder. Und wenn Sigurd, der mittlerweile ein schwacher alter Mann geworden war und nicht mehr aus eigener Kraft laufen konnte, ihr Geschichten über die ersten Christen und die wundersamen Geschehnisse, die sie erlebt hatten, erzählte, dann musste sie natürlich Vergleiche mit ihrer eigenen Welt ziehen. Sigurds Erzählfreude war nämlich in gleichem Maße erwacht, in dem seine Gesundheit und Bewegungsfähigkeit verfielen. Oft saß sie abends in der Dämmerung bei ihm und blieb dort, bis einer der Mönche kam, um das Licht zu entzünden. Dann war es Zeit für das Stundengebet und sie musste gehen. Aber bis zu dem Zeitpunkt war es Sigurd jedes Mal gelungen, ihr von den Gleichnissen oder den unheimlichen Geschehnissen aus den Büchern Moses zu erzählen. Die sieben ägyptischen Plagen waren etwas, was sie in Angst und Schrecken versetzte, aber am nächsten Tag bat sie Franz, ihr doch die Pflanze zu zeigen, die Geschwüre heilen konnte. Franz, der den Grund ihrer Frage nicht kannte, erzählte ihr, ohne zu zögern, dass es einen wohltuenden Einfluss auf das Leiden hätte, wenn man einen Extrakt aus der Pflanze »Schwarzer Nachtschatten« trank, eine zu große Dosis aber den Patienten umbringen würde. Da war es sicherer, aber auch nicht so wirksam, wenn man aus eingeweichten Bockfußsamen einen Brei machte und diesen wie ein Pflaster auf die Geschwüre legte. Aber natürlich konnte man beides gleichzeitig machen! Zufrieden ging Christa ihres Wegs. Sie wusste, dass Franz für alles einen Rat hatte, und jetzt brauchte sie sich nicht mehr vor dieser Plage zu fürchten.

Aber die Furcht hatte dennoch ihren festen Platz in Christas Universum. Mit handfesten Übeln wie Krankheiten konnte sie mit Franz' Hilfe umgehen. Selbst Sigurds unheimliche Geschichten hatten immer eine erlösende Pointe, nämlich die, dass die Menschen, die es verdienen, zum Schluss doch für ihre Geduld und ihren festen Glauben belohnt werden. Aber an der Wand in Abt Williams Studierstube hing ein Bilderfries, der sie so sehr erschreckte, dass sie sich nicht traute, jemanden dazu zu befragen. Oft lugte sie unsicher zu den lebendigen Motiven in den leuchtenden Farben hoch, und wenn William sie allein ließ, damit sie in Ruhe die Horen durchlesen konnte, bevor er sie darin abhörte, hatte sie das Gefühl, ihr Blick werde vom Text fort hinauf an die weiße Wand gezwungen, wo das Farbenspiel des Frieses ihre Phantasie anregte und von ihren Lektionen und Aufgaben ablenkte. Bisher war es ihr jedoch jedes Mal geglückt, das zu lernen, was sie sollte, auch trotz des störenden Elements, das ihre Aufmerksamkeit vom Text abzog. Sie konnte problemlos die Regeln des Klosterlebens und gleichzeitig die chaotischen Gedanken in ihrem Kopf unterbringen, bei denen sich die Angst vor Teufeln und namenlosen Monstern mit kindlicher Vorstellung von der Allmacht der Mönche vermischte, die sie gegen diese Bedrohung beschützten.

Aber am heutigen Tag war sie von den täglichen häuslichen Aufgaben befreit worden. Man hatte sie an die frische Luft geschickt, damit sie ihre rastlose Energie etwas austoben konnte, die sich immer am Ende des Winters nach den langen Perioden einstellte, in denen sie hinter den schützenden Mauern des Klosters eingesperrt war. Weit entfernt entdeckte sie Bruder Erland, der an der eingefrorenen Brunnenpumpe arbeitete, und es gab gerade jetzt etwas, das sie ihm unbedingt erzählen musste. Sie lief schnell zu ihm, und als sie den Hofplatz erreicht hatte, musste sie nach Luft schnappend warten, bis sie die Worte herausbringen konnte. Sie war draußen auf dem Feld gewesen, wo die Wasserzuleitung verlief. Dort hatte sie einen Mann getroffen, der dabei war, die Tonrohre mit Stroh und getrocknetem Mist abzudecken. Sie hatte ihn noch nie gesehen, aber er erzählte ihr, dass er Rupert heiße und vom Hof hinter dem Wald komme. Sie hatte eine Weile zugesehen, wie er sich abmühte. Als sie ihn schließlich fragte, was er denn da mache, hatte er sie lachend angesehen. Er sagte, er helfe, auf das Eigentum der Brüder zu achten, und dass die Leitung vom Frost zerplatzen würde, wenn sie nicht abgedeckt würde. Christa war über die Hilfsbereitschaft des Mannes ganz sprachlos gewesen. Und jetzt musste sie davon Erland berichten. Und außerdem wollte sie wissen, wieso die Kälte allein die schöne Wasserführung kaputtmachen konnte.

Erland starrte Christa an. Ihre farblosen Wangen waren von der Kälte und dem Laufen gerötet. Die Iris in ihren Augen war glasklar und erschien hier draußen in der grellen

Wintersonne vollkommen durchsichtig. Ihr Anblick erinnerte ihn an die durchgeistigten Gestalten, denen die Bauern immer noch Opfer hinstellten, um sich gegen böse Geister abzusichern. Er wusste, dass das Christentum, auch wenn es Zugang zu den kleinen Siedlungen gefunden hatte, sich dort seinen Platz neben dem unausrottbaren Glauben an alle möglichen Naturkräfte suchen musste, die Glück oder Unglück repräsentierten. Gerade jetzt ähnelte Christa einem dieser Luftwesen bäuerlichen Glaubens. Aber was erzählte sie da eigentlich? Er selbst hatte die Wasserführung vor vielen Monaten abgedeckt. Und Jens war mehrere Male dort gewesen, um nachzusehen, ob auch alles an Ort und Stelle war. Er selbst war erst in der letzten Woche trotz des schlechten Wetters draußen gewesen und hatte dicke Zweige als Schutz darauf gelegt. Er zögerte kurz und erklärte dann dem Kind, wieso der Frost auch poröses Material sprengen konnte.

Die Mönche hatten oft von diesem ›Rupert‹ erzählt, seit er die Vorratskammer mit Würsten und Schinken gefüllt hatte. Er war ein seltener Gast im Kloster, tauchte jedoch immer mal wieder auf und leistete ihnen einen Dienst, ohne dafür eine Gegenleistung zu verlangen. Es war eine Sünde, seinen Nächsten zu verdächtigen, er würde böse Absichten mit Freundlichkeit und Lächeln tarnen, aber keiner konnte bestreiten, ein gewisses Unbehagen bei dem Gedanken an Ruperts selbstlose Taten zu haben. Uffe war vor einiger Zeit in Nødebo gewesen, um sich über den neuen Hofbesitzer auf der anderen Seite des Walds zu erkundigen, und niemand hatte den Mann näher gekannt. Die Leute waren natürlich mit ihren Sachen beschäftigt und anscheinend hatte Rupert nie etwas in dem Ort zu erledigen. Also musste er seine Einkäufe weiter entfernt tätigen, denn wie sollte er sonst seine Grundbedürfnisse befriedigen. Mit den Mönchen tauschte er jedenfalls keine Waren – was die anderen Nachbarn immer mal wieder taten.

Erland beschloss, selbst zur Wasserführung zu gehen! Er erzählte Christa, dass sie den Kanal selbst abgedeckt hatten, aber dass Rupert natürlich sehr hilfsbereit war, wenn er auch ein Auge darauf hielt und zusah, dass alles so war, wie es sein sollte. Christa nickte und ging in den Stall. Sie wusste ja, dass Jens dort saß und sich bei den Tieren wärmte. Wieder war sie in ihrem Glauben bestätigt worden, dass sie von Beschützern und hilfreichen Seelen umgeben war.

Sie zog die schwere Tür auf, die in den Angeln quietschte, als das eiskalte Holz nachgab. Drinnen schlug ihr eine schwere Wärme entgegen. Der Geruch vom Stroh und Dung der Tiere war gleichzeitig herb und vertraut.

»Jens«, rief sie. »Bist du da?« Sie trat ganz hinein und achtete sorgfältig darauf, dass die Stalltür wieder fest geschlossen wurde. Es war dunkel hier drinnen, aber nicht vollkommen finster, weil einzelne Sonnenstrahlen durch die kleinen Luken hoch oben unter dem Dach ihren Weg hereinfanden. In den Verschlägen der Kühe raschelte es und Jens kam mit Stroh im Haar und einem verschlafenen Gesichtsausdruck zum Vorschein.

»Hast du geschlafen?« Christa ging zu ihm und zupfte ihm die Halme aus dem Haar und seinem groben Wollzeug.

»Du wolltest mir doch was von Rus erzählen. Du hast es versprochen . . . Erinnerst du dich nicht mehr dran?«

Erwartungsvoll sah sie den jungen Mann an. Er schüttelte den Kopf und wandte sich von ihr ab. Aber Christa war Jens' plötzliche Gemütsschwankungen gewohnt, sie wusste, wie sie ihn freundlicher stimmen konnte – besonders jetzt, in der Fastenzeit.

»Guck mal, ich habe ein paar Würste für dich mitgebracht!«

Jens wandte sich ihr wieder zu und machte ein paar beschwörende Bewegungen, bevor er sich die Würste schnappte.

»Dann musst du mir aber versprechen, niemandem etwas zu sagen. William will nicht, dass wir von Rus sprechen! Aber ich weiß, dass er ihn gesehen hat, denn ich habe ihn auch gesehen!«

Christa setzte sich auf die Seite der Futterkiste und machte Jens ein Zeichen, zu ihr in die Ecke zu kommen, wo sie, gut geschützt vor dem Zug durch die Luken, sitzen konnten.

»Ich verspreche es«, sagte sie und bekreuzigte sich. Das beruhigte Jens. Er setzte sich auf einige Strohgarben neben die Futterkiste und begann:

»Ich weiß, wer Rus ist, und auch wenn alle glauben, dass ich schon vor meinem eigenen Schatten Angst habe, so weiß ich doch, wen ich am meisten zu fürchten habe!« Schnell machte Jens eine lange Folge komplizierter Zeichen mit den Händen. Beschwörungen!

»Nein, erzähle mir erst einmal von den Bildern in Williams Studierstube!« Christa wurde immer ungeduldig, wenn Jens sich in seine eigene Welt einspann. Seine eigene Angst! Sie wollte zunächst einmal, dass er ihr die sonderbaren Bilder erklärte, die ihre Aufmerksamkeit so magisch anzogen. Ihre Neugier und ihre Unruhe waren durch Williams Weigerung, mit ihr über diese Dinge zu sprechen, nur gewachsen.

»Die Bilder bei William? Ja, ich kenne Martins Werk gut. Es sieht so aus, als hätte er selbst gesehen, was damals passiert ist, aber er sagt, er hätte es nur nach dem gemalt, was ihm erzählt worden ist. Kennst du die Geschichte nicht, Christa?«

Eifrig schüttelte sie den Kopf und Jens fuhr mit seiner leicht nasalen Stimme fort: »Die Geschichte geht so: Rus hatte einst seine Bleibe hier im Kloster Esrom. Damals wohnten die Benediktiner hier und er gefiel ihnen so gut, dass er Mönch wurde. Er schnitt sich die Haare, wie es vorgeschrieben war, und dann arbeitete er in der Küche. Du hast selbst gesehen, dass unter der Küche ein Keller ist. Und da versteckte er all seine teuflische Kraft. Immer wieder schlich er sich dort nach unten, und wenn er wieder hochkam, war er randvoll mit Bosheit. Eines Tages wurde er entlarvt und dann jagten ihn die Brüder davon. Den ganzen Weg bis nach Nødebo. Warst du schon mal da? Als sie dort angekommen waren, entkam er ihnen und verschwand in dem alten Brunnen. Deshalb glaubte man, er wäre fort und würde nie wiederkommen! Aber ich weiß, dass er immer noch hier ist, und das wissen William und Sigurd auch.«

»Ist er wirklich ein Teufel?« Christa hatte die Bedeutung des Wortes bisher noch nicht richtig erfasst. Sie wusste nur, dass ›das Böse‹ immer von ›dem Guten‹ besiegt wurde.

»Er ist die Inkarnation alles Bösen! Weißt du, was das bedeutet?«

»Nein, was?«

»Das bedeutet, dass du aufpassen musst, ihm nicht in den Weg zu kommen!« Jens machte wieder seine unverständlichen Zeichen.

»Du solltest William zuhören, denn er ist viel klüger als ich, aber denke dran, dass Rus überall um uns herum ist. Ich habe gedacht, ich wäre der Einzige, der ihn sehen kann, aber jetzt weiß ich es besser. Ich kann an ihren Augen sehen, dass sie von Rus berührt wurden. Sie fürchten sich vor dem Augenblick, wenn er schließlich aus seinem Versteck hervorkommt!«

Eine Weile saßen sie da, ohne ein Wort zu sagen. Dann sprang Christa mit einem Seufzer von ihrem Platz. Sie wusste, dass sie aus Jens nicht mehr herauskriegen würde. Wenn er wie jetzt in sich zusammensank, den Kopf zwischen den Schultern hin- und herrollte, dann war so lange nichts zu machen, bis er selbst beschloss, der Welt wieder in die Augen zu sehen. Sie klopfte ihm auf den Rücken und verschwand in die hellroten Strahlen der Nachmittagssonne. Der Schnee war gefärbt von der Sonne und die Eiszapfen, die vom Dach hingen, glitzerten wie Silber. Heute musste sie nicht zu William, um ihre Lektionen zu lesen. Aber sie konnte ja trotzdem etwas lernen. Es gab so viele nützliche Dinge, besonders, wenn man Franz dazu bringen konnte, etwas zu erklären ...

Sigurds Gicht war inzwischen so schlimm geworden, dass der alte Mann fortwährend unter starken Schmerzen litt. Er konnte sich kaum noch bewegen, seine Hände waren angeschwollen und selbst an guten Tagen waren die Gelenke so dick, dass er die Finger nicht bewegen konnte. Franz hatte vor ein paar Wochen angeordnet, dass Sigurd täglich einen Salat aus rohen geriebenen Kartoffeln, Zwiebeln und was immer es an Frischem gab, bekommen sollte. Außerdem hatte er ihm das abgekochte Wasser von Sellerie verschrieben, das er in so großen Mengen wie nur möglich zu sich nehmen sollte. Dieses Gemüse hatte nämlich einen guten Einfluss auf die Krankheit, aber die Besserung machte nur sehr langsame Fortschritte, auch wenn Sigurd selbst meinte, die starken Schmerzanfälle wären etwas schwächer geworden. Franz wusste, dass das Gemüse an sich nicht heilen, sondern nur die schlimmsten Krämpfe und die größte Versteifung lindern konnte. Da er keine Heilpflanze kannte, die die Leiden des Alten vollständig beheben konnte, war er nunmehr fest entschlossen, zumindest die besten schmerzlindernden Mittel zu finden. Er stand über seinen Mörser gebeugt und stieß ein paar getrocknete Stiele. Christa kam in den Wirtschaftsraum, seinen bevorzugten Arbeitsplatz, und stellte sich leise neben ihn. Eine Zeit lang sah sie ihm zu, bevor sie fragte, welche Medizin er da gerade herstellte. Franz war jetzt fertig mit dem Zerstoßen der getrockneten Pflanzen und legte vorsichtig den Stößel auf den Tisch, nachdem er die letzten Pflanzenfasern abgebürstet hatte. Er seufzte. Es war wohl langsam an der Zeit, Christa alles über Heilkräuter und Medizin zu lehren. Sie war alt genug, um zu verstehen, dass Pflanzen heilen und auch töten konnten. Bisher hatte er es vermieden, ihr vom Töten zu erzählen. Er schob den Mörser auf eine Tischecke und hob sie hoch, sodass sie zwischen den Küchengeräten und Pulverkrügen sitzen konnte.

»Ich versuche etwas herzustellen, das Sigurd mit seinen Schmerzen helfen kann. Das hier ist getrocknetes Bilsenkraut!«

Er nahm den Mörser und hielt ihn ihr hin, damit sie das grob zerstoßene, dunkelgrüne Pulver auf dem Boden der schwarzen Eisenschale sehen konnte. Sie wollte gerade ihre Nase hineinstecken und schnuppern, aber schnell nahm Franz ihr den Mörser aus der Hand.

»Bilsenkraut kann Schmerzen beheben und Husten lindern. In der richtigen Dosierung kann Bilsenkraut eine Erleichterung für kranke Menschen mit Krämpfen sein und manchmal auch für geistig verwirrte Personen, die keine Ruhe finden können. Aber es ist wichtig, die richtige Dosis zu berechnen. Eine große Dosis hilft niemandem. Ganz im Gegenteil, wenn man zu große Mengen nimmt, kann man damit jemanden töten oder lähmen.«

Christa nickte atemlos. »Wie stellt man die Medizin aus Bilsenkraut her, Franz?«

»Hier habe ich bis jetzt nur getrocknete Blätter, deshalb werde ich davon eine kleine Dosis Pulver in eine Tasse kochendes Wasser schütten. Diese Infusion soll Sigurd jeden Abend trinken. Wenn ich frische Blätter hätte, könnte ich ihm den reinen Saft direkt in den Mund träufeln, aber damit muss ich bis zum Sommer warten.«

Er hob eine Augenbraue, während er den Kopf etwas schräg hielt – eine Geste, die er oft benutzte, wenn er sie in etwas besonders Spannendes einweihte. »Hast du Lust, mir zu helfen, das Pulver in die Dosierungstöpfe zu füllen?«

Christa nickte eifrig.

»Aber du musst dir darüber klar sein, dass ich nicht jeden in meinen Kräutern herumwühlen lasse. Das dürfen nur besonders Auserwählte!«

Christa nickte wieder, stolz und glücklich. Es gab nichts, was sie lieber gewesen wäre als eine von Franz auserwählte Hilfskraft. Sie wünschte, er würde ihr noch mehr beibringen.

Franz ging zum Regal, in dem alle seine Gläser und kleinen Krüge standen. Er nahm ein paar Tonkrüge mit Verschluss und kam mit ihnen zurück zum Küchentisch.

»Jetzt müssen wir die Dosis bestimmen«, sagte er und streifte ein kleines Bündel Messlöffel von seinem Gürtel ab.

Das waren unersetzliche Geräte. Christa hatte die fünf kostbaren Silberlöffel oft verträumt betrachtet, wusste sie doch, dass es sich dabei um ein Geschenk der Mönche in Frankreich handelte, bei denen Franz gelebt hatte. Sie wünschte, sie hätte auch solche schönen Löffel, aber sie wusste, dass sie darum gar nicht erst zu bitten brauchte.

»Den hier müssen wir nehmen«, sagte Franz und nahm einen mittlerer Größe. »Der muss gefüllt werden, darf aber nicht gehäuft sein, wenn du verstehst, was ich meine.« Er zeigte ihr das genaue Maß. Ein einziger Löffel voll in jeden Krug.

»So kann man nie zu viel nehmen und Sigurd kann ganz ruhig seinen Tee trinken!«

»Wie schnell wirkt es?«, fragte Christa.

»Im Laufe von ein paar Minuten sollten die schlimmsten Schmerzen etwas gedämpft sein und nach einer halben Stunde wird Sigurd die ganze Wirkung spüren. Aber ich kann noch nicht sagen, wie das aussehen wird, denn die Menschen sind unterschiedlich. Wir müssen abwarten und beobachten, wie Sigurds Körper das Getränk annimmt!«

»Wie bist du so klug geworden, Franz?«, fragte Christa. Sie wusste nicht, ob Franz sich das alles selbst beigebracht oder ob ihn jemand unterrichtet hatte, genau wie William und Martin sie im Lesen und Schreiben unterrichteten. Jens hatte ihr einmal erzählt, dass es Hexenfrauen gab, die einen Pakt mit der Natur geschlossen hatten und wussten, wie man deren Kräfte ausnutzen konnte. Sie hatten ganz einfach

Zauberkräfte, mit denen sie geboren worden waren, aber andere behaupteten, es wäre der Teufel gewesen, der ihnen ihr Wissen beigebracht hätte. Vielleicht war Franz ja auch mit magischen Kräften geboren worden oder aber Gott hatte ihn alles gelehrt. Auf jeden Fall war Christa fest davon überzeugt, dass sich kein Teufel in Franz' Kopf eingenistet hatte. Alles, was er tat, war gut und deshalb mussten es gute Kräfte sein, die ihm all das Wissen gegeben hatten.

»Ich habe im Laufe der Zeit vielen klugen Heilkundigen gelauscht und ich bin bei den besten Botanikern in die Lehre gegangen! Du kennst das Wort ›Botaniker‹, nicht wahr?«

»Ja, das sind Leute, die alle Kräuter, Pflanzen und Bäume kennen«, antwortete Christa schnell. Franz sollte nicht glauben, sie hätte vergessen, was er ihr früher erzählt hatte.

»Ich habe immer versucht mehr zu lernen, als ich schon wusste. Es ist eine große Sünde, wenn man glaubt, man wisse alles«, ermahnte Franz sie. »Es gibt immer noch mehr zu lernen, weißt du!«

»Ich möchte gern mehr lernen. Und du musst mir alles erzählen, was du über Medizin und Pflanzen weißt!«, erklärte Christa. Sie hatte schon vor langer Zeit beschlossen, Franz darum zu bitten, auch wenn sie bisher nicht so genau wusste, was sie eigentlich fragen sollte. Sie wollte auch den Unterschied zwischen Medizin und Gift kennen. Sie wollte lernen, Medikamente für alle möglichen Krankheiten herzustellen, denn so konnte sie dafür sorgen, dass niemand leiden und möglicherweise unter den schrecklichsten Qualen sterben musste. Und außerdem wollte sie gern wissen, welche Beeren zu essen gefährlich war. Das wäre äußerst nützlich! Sie schaute Franz flehend an, der dabei war, die kleinen Krüge mit dem pulverisierten Bilsenkraut zu versiegeln.

»Wenn ich William frage, ob ich deine auserwählte Hilfskraft werden darf, dann kann ich vielleicht gleich anfangen?«

Sie sah ihn hoffnungsvoll an, wusste aber auch, dass William nur schwer zu überreden sein würde. Er schien eher an ihren Lesestudien interessiert zu sein, aber vielleicht konnte sie ja beides gleichzeitig machen. Außerdem lernte sie bereits viel, indem sie nur den Predigten und den Gesängen während der Messe zuhörte. »Willst du mich als Helferin haben, Franz? Oder nur als Schülerin?«

Franz stellte den letzten versiegelten Krug auf den Tisch. Dort standen sie in einer langen Reihe nebeneinander und der gebrannte Ton zeigte jetzt in den letzten Strahlen der untergehenden roten Sonne, die durch das kleine Fenster hoch an der Wand hereinfielen, seine goldenen und braunen Farben. Das war vielleicht gar keine so schlechte Idee. Christa musste ja früher oder später sowieso ein praktisches Handwerk erlernen. Das war eins der Grundprinzipien der Zisterzienser, dass es niemandem an handfesten praktischen Fertigkeiten fehlen sollte. Warum dann nicht Christa über die Kräutermedizin in einer gründlicheren und systematischeren Art und Weise unterrichten, als es bisher geschehen war? Sie konnte auf diesem Gebiet eine Ausbildung erhalten. Schließlich war das eine Arbeit, die gut zu einem Mädchen passte – nicht zu anstrengend und außerdem mit Küchenarbeiten verbunden!

»Wenn du wirklich interessiert bist, werde ich heute Abend mit William reden!« Er nickte und hob sie vom Tisch herunter. Sie wollten an die Feuerstelle, über der immer ein Kessel Wasser summte.

»Hier, du kannst den Krug halten, während ich einen Becher suche. Wir kochen jetzt Sigurds Tee!«

Eine halbe Stunde später ging Christa die Treppen zu den engen Zellen der Mönche hinauf. Vorsichtig trug sie einen großen Krug mit einem Deckel darauf. Die Sonne war untergegangen und der Gang nur spärlich erleuchtet. In wenigen Minuten begann die Vesper, aber Franz hatte darauf bestanden, dass sie noch vorher Sigurd das schmerzstillende Getränk geben sollte. Es gab keinen Grund, den alten Mann unnötig lange leiden zu lassen – wenn es sein musste, konnte die Gebetsstunde warten, die Schmerzen jedoch nicht.

Als die Vesper eine Stunde später vorüber war, folgte Franz Christa in Sigurds Zelle. Der Alte war nicht mehr in der Lage, in die Kapelle zu gehen, deshalb hatte William dafür gesorgt, dass mehrmals täglich in seiner Zelle die Stundengebete gesprochen wurden. Sie wussten, dass William jetzt bei Sigurd war, er war nicht in der Kapelle erschienen, weil er heute Abend die Vesper mit seinem alten Freund abhalten wollte. Als sie an die Tür klopften, hörten sie wie erwartet Williams Stimme, die sie einzutreten bat. Christa war gespannt, ob Sigurd schon spüren konnte, dass der neu verordnete Trank geholfen hatte, aber sie verhielt sich stumm. Es war am besten, die Erwachsenen reden zu lassen – besonders weil Franz geplant hatte, William die Idee zu präsentieren, Christa bei sich in die Lehre gehen zu lassen.

Auf einem kleinen Tisch zwischen dem Bett und dem unbequemen Holzstuhl, auf dem William saß, brannte eine Altarkerze.

»Franz und Christa! Ich freue mich, euch zu sehen. Sigurd hat mir gerade von dem Tee erzählt, den ihr ihm gegeben habt!«

William nickte zu Sigurd hinüber, der mit vielen Kissen im Rücken im Bett saß, damit sein Rücken vor der Kälte der Wand geschützt war. Er lächelte und streckte Christa seine linke Hand entgegen.

»Sieh nur, Christa. Ich kann es ertragen, meine Arme zu bewegen. Mein Körper ist zwar immer noch steif und widerspenstig, aber im Augenblick tut mir nicht jede kleine Bewegung weh. Das habe ich euch beiden zu verdanken!«

Er nickte dankbar, runzelte dann aber die Stirn und fragte: »Wie lange wird diese Wirkung anhalten?«

»Ein paar Stunden, höchstens«, antwortete Franz. »Ich kann dir dreimal täglich etwas geben und vielleicht ergibt sich nach längerer Einnahme auch eine konstantere Schmerzlinderung. Das kann nur die Zeit zeigen.«

Er warf William einen schnellen Blick zu. Dieser saß zurückgelehnt da und betrachtete Franz eingehend. Worauf Franz sich beeilte »So Gott will!« hinzuzufügen. Der Abt nickte und wandte sich wieder Sigurd zu.

»Wohl kaum, wenn du nachts nicht schlafen kannst. Aber vielleicht hält die Wirkung länger an, wenn du etwas zum Schlafen kriegen könntest?«

Franz nickte und sagte: »Christa kann einen Abendtee aus Heilbaldrian kochen. Ich habe ihr gerade einige meiner Krüge in der Küche gezeigt. Erinnerst du dich an den ›Baldrian-Krug‹, Christa?«

Sie nickte eifrig.

»Dann laufe hinunter zu Holger und sage ihm, dass du einen Tee kochen sollst! Er kann dir mit dem Kessel helfen und dir den Krug vom Regal herunterholen.«

Als Christa aus der Tür eilte, um ihrer Aufgabe nachzukommen, wandte Franz sich William zu. Das war ein ausgezeichneter Auftakt für seine Frage. Er trug die Sache vor, so gut er konnte, und fügte hinzu, dass er, wenn er Christa in die Lehre nehmen würde, gleichzeitig die Hilfe für seine Arbeit bekäme, die er schon lange brauchte!

William zupfte sich nachdenklich am Kinn. Er war gerade dabei, Christa auf selbstständigere Studien der heiligen Texte vorzubereiten, und außerdem hatte Martin den Plan, ihr zu zeigen, wie man mit Blattgold und Farben Initialen und Vignetten illuminiert. Andererseits war das Lesen und Schreiben ja etwas, das neben jeder praktischen Tätigkeit im Kloster einherlaufen konnte. Blattgold und Illuminationen konnten warten, bis sie geschickter mit ihren Händen geworden war. Vielleicht war es doch gar keine so schlechte Idee, ihr praktische Kenntnisse in der Küche und im Kräutergarten beizubringen. Das würde ihr Gefühl für Handarbeit entwickeln. Aber William spürte ständig eine Unruhe in sich, wenn er an die Küche dachte und daran, dass Christa dort täglich zu tun haben würde. Fast hätte er sie gerade eben, als sie davonlief, aufgehalten, doch der Gedanke, dass Bruder Holger bei ihr war, beruhigte ihn.

»Das klingt ganz vernünftig, Franz. Erlaube mir, es bis morgen zu überdenken! Mach du jetzt ruhig deine letzten Aufgaben für heute Abend fertig. Ich werde Christa in ihr Schlafzimmer hinunterbringen, wenn sie mit Sigurds Tee kommt!«

Franz nickte, verbeugte sich und verließ die Zelle. Erleichtert atmete er auf. William war nicht abweisend gewesen und er war sich ziemlich sicher, dass Christa bald ernsthaft damit anfangen konnte, alles aufzunehmen, was er sie lehren konnte. Bis jetzt hatte er immer nur auf ihre Fragen geantwortet. Das waren eher zufällige Informationen über die elementarsten Dinge gewesen. Jetzt konnte sie ganz von vorn anfangen und ein gründliches Studium erhalten!

Nachdem sich die Tür hinter Franz geschlossen hatte, wandte William den Blick seinem alten Freund im Bett zu.

»Es sieht so aus, als wären unsere Ängste unnötig gewesen, auch wenn ich zugeben muss, dass ich meine Unruhe nie ganz losgeworden bin!«, sagte William.

»Wir haben viele Jahre lang friedlich und ungestört hier leben können!«, sagte Sigurd mit seiner brüchigen Stimme. Er hustete und veränderte vorsichtig seine Position – die Steifheit seiner Glieder ließ es nicht zu, dass er ganz aufrecht saß, doch er versuchte sich William halb zuzudrehen. Die Kerze verbreitete einen warmen Schein, der die Gesichter der beiden Männer erhellte.

»Aber ich spüre ständig, dass Rus uns hereinlegt. Gott sei Dank sieht es so aus, als hätte Christa ganz allein genügend Widerstandskraft. Sie ist ein begabtes Mädchen, nicht wahr!«

William nickte bedächtig. »Gefällt dir Franz' Vorschlag?«, fragte er und sah seinen alten Freund und Mentor fragend an.

»Ich weiß, was du denkst! Deine Vorbehalte kannst du dir ebenso gut schenken. Ganz gleich, wo Christa sich auch befindet, Rus wird sie erreichen können, wenn das seine Absicht ist. Es gibt keinen Grund, die Küche besonders zu fürchten, nur weil sie sich genau über seinem früheren Versteck befindet!«

Sigurds Stimme klang entschlossen und William konnte nicht wissen, dass der alte Mann bei dem Gedanken, dass ihr Adoptivkind sich ab jetzt täglich über Rus' Keller aufhalten würde, innerlich erschauderte. Sigurd wusste, dass seine Furcht unlogisch war, aber er konnte es nicht verhindern, er verband die Macht des Teufels mit bestimmten Orten – wie zum Beispiel mit dem Keller unter der Küche. Das war Unsinn! Der Teufel konnte überall sein. Die Küche war nicht gefährdeter als alle anderen Orte – vielleicht abgesehen von der Kapelle.

Es klopfte an der Tür und William stand auf, um sie zu öffnen. Er wusste, dass es Christa mit Sigurds Nachtmedizin war. Sie stand mit dem Steingutbecher für Sigurd auf der Türschwelle. In dem dunklen Flur sah sie sehr klein und unscheinbar aus. Das dünne weiße Haar hatte sie hinter die Ohren gestrichen und ihr blasses Gesicht war spitz, fast unnatürlich in seinen scharfen Zügen, während sich die Augen dagegen im Halbdunkel gewaltig vergrößert zu haben schienen. William dachte das erste Mal seit langer Zeit wieder, dass ihre Existenz von anderen Mächten gesteuert werden musste als von denen, die es hier im Kloster gab! Ihr Anblick verstärkte nur noch die in ihm schlummernde Unruhe, wobei er selbst nicht wusste, warum.

»Komm herein, Christa. Ist das der gute Baldriantee, den du bringst?«

Sie nickte und antwortete mit kaum verhohlenem Stolz in der Stimme: »Ich habe ihn selbst gekocht, Franz ist runtergekommen und hat zugeguckt, aber er brauchte gar nichts zu sagen. Ich wusste noch ganz genau, was ich tun musste!«

Sie ging zu dem kleinen Holztisch, schob vorsichtig die Kerze zur Seite, bevor sie den Becher hinstellte. Dann schaute sie Sigurd an, der lächelnd ihren Handgriffen zusah.

»Kannst du den Becher selbst halten? Er ist ziemlich schwer . . .«

Sigurd streckte den Arm aus und nahm den Becher. Es gelang ihm, beide Griffe zu packen und ihn an den Mund zu führen.

»Es geht, Christa. Ich glaube wirklich, das Bilsenkraut von Franz hilft mir, sodass ich jedenfalls ein bisschen von dem wieder tun kann, was ich früher konnte. Jetzt muss ich nur noch schlafen – und dabei hilfst du mir!«

Er lächelte sie an und fügte fragend hinzu: »Wünschst du dir schon lange, bei Franz in die Lehre zu gehen?«

»Oh ja, Sigurd! Franz weiß alles und er hat versprochen, mir jede einzelne Pflanze zu zeigen. Außerdem will ich die giftigen, gefährlichen Kräuter kennen lernen, damit ich weiß, wovor ich mich in Acht nehmen muss!«

Sigurd und William sahen sich an. »Ja, das ist ein sehr nützliches Wissen. Das sollten wir alle haben, aber . . . Christa . . . manchmal kommen wir an Gifte, denen wir nicht ausweichen können. Lass Franz dich ruhig alles lehren, was er weiß, aber pass auf, dass du von der Wissenschaft nicht verblendet wirst. Denn dann riskierst du, dass dein Blick gegenüber der großen Wahrheit verschleiert wird, die außerhalb der Reichweite konkreter Lehre liegt!«

Christa verstand nicht ganz, was Sigurd mit den letzten Worten gemeint hatte, aber sie begriff so viel, dass sie die Erlaubnis bekommen würde, Franz zu helfen. Sie schaute atemlos von Sigurd zu William: »Heißt das, dass ich darf?«

Sigurd sah William appellierend an. Der Abt holte tief Luft und nickte.

»Ja, du darfst, aber ich werde dafür sorgen, dass ein Plan für deine weiteren Studien im Lesen und Schreiben ausgearbeitet wird. Aber morgen kannst du mit Franz laufen. Und jetzt ist es spät geworden. Wünsche Sigurd eine gute, ruhige Nacht!«

»Es gibt für jede Krankheit eine Heilpflanze, aber gegen die Macht des Todes findet sich kein Kraut in den Gärten.«

Franz und Christa saßen in der warmen Ecke der Küche vor der Feuerstelle, über der ein Kessel mit Wasser und Kamille kochte. Christas erster Tag als Topfgucker hatte begonnen. Sie saß still da und hörte Franz aufmerksam zu. Jetzt bat er sie, das Rezept für den Kamillentee zu wiederholen, der einen wichtigen Teil der Verpflegung der Brüder gegen Ende des Winters ausmachte, wenn die lange Dunkelheit an den Kräften gezehrt und sie empfindlich für Halsschmerzen und Lungenentzündung gemacht hatte.

Christa antwortete schnell: »Der Sud der Kamillenblüten verstärkt die Kraft der Pflanze. Wenn er eine Weile gekocht hat, muss man ihn in Kannen abfüllen und mit Honig und Kleie verrühren.«

Sie hatte schon oft Kamille getrunken, wusste aber bisher

nicht, dass man ein stärkeres Konzentrat bekam, wenn man sie einkochte. Außerdem war ihr nie der Gedanke gekommen, dass das Getränk vorbeugend gegen Krankheiten schützte.

Franz beschloss, sie im Takt mit der täglichen Arbeit zu unterrichten. Vorläufig sollte seine Schülerin erst einmal mit den elementarsten Prinzipien vertraut gemacht werden – immer in Verbindung mit seinem Leitgedanken, dass die tägliche Kost den wichtigsten Schutz des Körpers gegen Krankheiten bilden konnte – ein Gedanke, der Unbehagen und Proteste zu wecken pflegte, weil das Genügsamkeitsgelübde der Mönche im direkten Gegensatz zu seinem Vorschlag möglichst vielfältiger Zutaten zur täglichen Kleiesuppe und dem gesalzenen Fleisch stand. Später wollte er ihr von den Ärzten in den alten Zeiten und von der Salernoschule erzählen, die er in seiner Jugend besucht hatte. Wenn das Frühjahr kam, konnten sie in den Garten und weiter aufs Land gehen, um wilde Pflanzen zu sammeln. Er hatte nach der Morgenmesse und der Prim ein langes Gespräch mit William geführt, während Christa ihr Frühstück mit den anderen Brüdern im Refektorium eingenommen hatte. Der Abt hatte die Gefahren diskutiert, die dem Mädchen drohen konnten, wenn es in der Pflanzenlehre und der Heilkunst ausgebildet wurde: Voller Scham musste er zugeben, dass der Glaube an den Christengott ein Schreckensbild von ›dem Bösen‹ auf der Welt hervorgebracht hatte. Eine Teufelsangst, die in der Bevölkerung sich in Form von Austreibungsprozessen mit *weiblichen Heilkundigen* als Sündenböcken und Todesopfern zeigte. Dass Frauen misshandelt und auf Grund ihres Wissens des Lebens beraubt wurden, waren Schandtaten – und falls Christa ausgebildet wurde und später ihre Kenntnisse anwandte, so bestand das Risiko, dass ihr Wissen Furcht und Misstrauen unter der Bevölkerung um das Kloster herum hervorrufen könnte. Franz hatte erwidert, dass durch den Unterricht vorläufig kein Unheil entstehen könnte. Er wollte Christa nur etwas über Nutzkräuter lehren und deren Zubereitung für das tägliche Essen. Sie sollte sich um den Kräutergarten kümmern und ansonsten ihm nur bei seiner täglichen Arbeit helfen. Später, wenn sie sich an die Arbeit gewöhnt hätte, konnten sie entscheiden, ob ihre Ausbildung auf diesem Gebiet weiter fortgeführt werden sollte. William hatte sich beruhigen lassen, aber seine Unruhe entlarvte sich doch durch die schnellen, nervösen Blicke, die er dem Bilderfries an der Wand zuwarf. Franz wusste wohl, dass ›Bruder Rus‹ einst dieses Kloster heimgesucht hatte, aber er hoffte inständig, dass William nicht den Einfluss des Teufels auf ein unschuldiges Kind fürchtete. Wie sonst sollte er Williams Mienenspiel deuten? Wenn sogar der Abt des Klosters sich von der Vorstellung niederdrücken ließ, der Teufel könnte sich der Sinne Unschuldiger bemächtigen, wie konnte man dann den Bauern ihre rohe Behandlung der so genannten Hexen vorwerfen? Dass sein Pflegekind zufällig ein Mädchen war, machte für Franz keinen Unterschied, auch wenn er einsah, dass eine ausgebildete Heilkundige eine Seltenheit war – ja, eigentlich eine Unmöglichkeit unter allen Schulen und heilkundigen Brüdern, mit denen er in Berührung gekommen war. Aber er hatte ja für Christa seit dem Moment, als sie neben ihm gelegen hatte, die Verantwortung getragen. War es dann nicht seine Pflicht, sie alles zu lehren, was er wusste? Musste er ihr nicht etwas mit auf den Weg geben, wo sie doch seiner Obhut überlassen worden war? War sein Wissen wirklich sündig, sodass sie Verdammnis und Verfolgung riskierte, wenn sie daran teilhatte? Er schüttelte den Kopf. Das war nicht zu entscheiden. Jedenfalls wollte er ihr erst einmal zeigen, was in der Küche und im Klostergarten zu tun war. Dann würde sich erweisen, wie gelehrig sie war!

Er stand auf und nahm den Kessel vom Feuer. Der war für Christa zu schwer. Sie gingen in den Wirtschaftsraum, wo ein großes Fass bereitstand. Franz hatte aus einem Stück ungebleichtem Stoff und einem Eisenrahmen ein Sieb gebaut. Christa wusste, dass die ausgekochten Blumen vom Kamillensud ausgesiebt werden sollten. Nur aus der Flüssigkeit wurde dann das Getränk bereitet. Sie stand eine Weile in Gedanken versunken da, während Franz sich mit dem schweren Kessel abmühte. Der Dampf stieg ihm ins Gesicht und dieser Anblick erinnerte Christa an etwas, das er vorher gesagt hatte, als sie beim Feuer saßen und darauf warteten, dass das Wasser kochen würde.

»In letzter Zeit hustet Jens noch schlimmer, Franz. Vielleicht sollte er auch Dampf inhalieren, so wie du!«

Franz goss die letzten Tropfen ins Sieb und stellte dann den Kessel ab. »Das wusste ich nicht. Wie lange hustet er schon? Ich glaube, ich habe ihn in letzter Zeit gar nicht gesehen!«

»Nein, denn er versteckt sich immer im Stall und da kommst du ja nie hin . . .! Ich glaube, er hustet jetzt schon mehrere Wochen lang. Und es wird immer schlimmer. Soll ich ihn nicht herholen?«

»Lass uns das hier erst fertig machen. Danach können wir nach ihm schauen. Ich habe nämlich auch einen Tee, der ihm helfen könnte! *Verbascum thapsiforme* – Königskerze. Die müsstest du kennen. Das ist eine hohe, schöne Pflanze mit gelben Blüten. Sie wächst bei uns im Garten, wenn die Sonne kommt. Ich habe immer noch ein paar getrocknete Blätter in einem Krug auf dem Regal.«

»Jens sagt, dass er nicht gesund werden kann. Er meint, ›Rus‹ habe einen Fluch über ihn gesprochen und deshalb werde er bald sterben!«

»So ein Unsinn! Wir werden ihn heilen, Christa!«

Sie sah Franz hoffnungsvoll an und bemerkte nicht, wie seine geröteten Wangen plötzlich erbleichten.

»*Verbascum thapsiforme . . .*« Langsam wiederholte sie die schwierigen Worte, während sie nach einem Krug mit der richtigen Aufschrift suchte. Leider waren die Regale zu hoch, als dass sie hätte sehen können, was dort alles stand. Aber an den Bottich mit der Kleie kam sie heran und auch der Honigtopf war in ihrer Reichweite. Sie wandte wieder ihre gesamte Aufmerksamkeit dem zu, was sie gerade taten, und freute sich, dass sie aktiv an Franz' phantastischen Arbeiten teilhaben durfte – und da machte es auch nichts, wenn sie nur einem einfachen Kamillentee ein paar übliche, alltägliche Zutaten hinzufügten. Denn hinterher wollten sie Jens helfen! Der Kamillentee würde nicht genügen, seinen Husten zu bekämpfen. Sie wusste, dass er wirklich krank war, und er hatte sie immer wieder ermahnt, es nur niemandem zu erzählen, aber jetzt, wo sie doch Franz' Lehrling geworden war, fühlte sie sich verpflichtet einzugreifen. Vielleicht stimmte es ja doch nicht, dass er an seiner Krankheit sterben würde?

Sie öffnete vorsichtig die Stalltür. Uffe war mit Erland aufs Feld gegangen, um nach der Wasserführung zu schauen, und sie wusste, dass Jens allein im Dunkeln dort drinnen saß. Franz hatte bereits den Krug mit der getrockneten Königskerze hervorgeholt und es gab genügend Kamillenblüten für ein ›Reinigungsdampfbad‹. Wenn Jens nur mit in die Küche käme . . . Sie wusste, dass er sich wahrscheinlich weigern würde. War die Küche etwa kein ›gefährliches Gebiet‹? Aber Christa dachte, dass es doch eigentlich keinen Unterschied mehr machen würde, dieses ›gefährliche Gebiet‹ zu betreten, wenn er sowieso schon glaubte, dass der

Fluch auf ihm lastete. Sie blieb stehen und wartete, dass sich ihre Augen an die Dunkelheit gewöhnten. Sie hoffte, dass er nicht in einem seiner Trancezustände säße, denn sie hatte heute nicht so viel Zeit, sich um ihn zu kümmern. Sie musste noch zu William und lesen – eine Bedingung für die Erlaubnis, ihre Lehre bei Franz fortzusetzen. Außerdem wollte sie so gut lesen lernen, dass sie Franz' Aufzeichnungen und die Pflanzenregister lesen konnte.

»Jens! Bist du hier drinnen?« Ihre Stimme klang wie ein Piepsen in dem dunklen Stall, in dem die Tiere in ihren Verschlägen rumorten. Sie ging einige Schritte weiter hinein und lauschte. Es kam keine Antwort.

»Jens?« Hinter dem Futterkasten begann Stroh zu rascheln. Dann war er also dort! Sie holte erleichtert tief Luft.

»Jens, komm raus! Wir können dir mit deinem Husten helfen!«

Und Jens stolperte ihr entgegen. Ihm war schwindlig und kalt, während ihm gleichzeitig der Schweiß übers Gesicht lief. Sein einziger Gedanke war, Christas Stimme zu folgen, die in seinen Ohren wie die eines rettenden Engels klang. Schwankend blieb er einen Augenblick stehen, spürte dann, wie eine kleine Hand seinen Arm umfasste. Sie führte ihn zur Tür, und als das Licht auf sein Gesicht traf, musste er die Hände vor die Augen nehmen. Die Sonnenstrahlen stachen wie Messer und die frische Luft war so kalt, dass sie ihm durch Mark und Bein fuhr, hatte er doch schon mehrere

Tage in der schweren, feuchten Stallwärme verbracht. Christa zog ihn mit sich und er folgte ihr willenlos über den Hof.

In der Küche wartete Franz mit dem Kessel, der über dem Feuer summte. Beim Anblick des kranken jungen Mannes fasste er sich an den Kopf und wunderte sich laut darüber, warum niemand Jens' katastrophalen Zustand bemerkt hatte. Wenn das eine böse Erkrankung der Atemwege war, dann konnte sie auch ansteckend sein – er kannte Epidemien, die ganze Städte dahingerafft hatten! Aber nachdem Christa erzählt hatte, dass Jens sich bereits seit Wochen mit der Krankheit herumschleppte, beruhigte er sich. Niemand sonst im Kloster hatte ähnliche Symptome.

Gemeinsam zogen sie Jens ans Feuer, wo er eine Decke umgelegt bekam, während eine dampfende Schüssel Kamillensud vorbereitet wurde. Der Königskerzentee musste noch ziehen, deshalb stellte Franz einen Becher mit einem Deckel bereit.

»Gehe jetzt lieber zu William, Christa. Es ist an der Zeit!«

Widerwillig stellte sie den Krug mit den getrockneten Blättern hin. Es würde nicht einfach werden, sich in Williams Studierstube auf die Schriften zu konzentrieren. Aber sie protestierte lieber nicht. Ihr Fortschritt beim Lesen war die Bedingung dafür, dass sie zurück in die Küche und Bruder Franz helfen durfte. Dieses Privileg wollte sie auf keinen Fall aufs Spiel setzen, wo sie es erst einmal erlangt hatte! Und außerdem war Jens in guten Händen. Sie konnte ihn jetzt ruhig verlassen, nachdem er endlich in die Küche gekommen war. Franz hatte ja versprochen, dass die Krankheit geheilt werden konnte.

Schnell lief sie die enge Treppe hinauf und die Flure entlang, die immer in dunklem Schatten lagen. Atemlos blieb sie vor Williams Tür stehen. Von drinnen waren Stimmen zu hören, aber sie klopfte dennoch an. Sie kam nicht ungelegen, William erwartete sie. Die Tür wurde von Bruder Martin geöffnet, der eine Pergamentrolle in der Hand hielt.

»Komm herein, Christa. Ich wollte William gerade unser neues Marienbild zeigen. Guck es dir auch an!«

Christa trat ein. Martin nahm sie bei den Schultern und führte sie an Williams Arbeitstisch, wo er das Pergament ausrollte.

»Die Farben sind gerade erst getrocknet und wir haben uns gedacht, es in der Kapelle links vom Altar aufzuhängen.«

Martin glättete das Bild mit den Händen. Es war nicht mit Öl gemalt, weil Martin die Kunst, mit schweren Farben zu malen, nicht beherrschte. Er war Illuminator und er hatte seit Jahren an Ikonen und Heiligenbildern in Wasserfarben gearbeitet. Jetzt meinte er endlich ein Werk hervorgebracht zu haben, das auch von anderen als ihm selbst betrachtet werden konnte. Franz hatte die Farben gemischt und garantiert, dass sie haltbar waren – zumindest für einige Jahre. William saß auf seinem Stuhl und lächelte zufrieden. Das Bild war gelungen und er hatte bereits einen von Erlands jungen Novizen gebeten, einen Rahmen aus Holz zu fertigen. Bis dahin wollte er es hier lassen, wo er es immer wieder betrachten konnte. Martin war stolz auf sein Werk und freute sich, dass es auch dem Abt gefiel. Christa stellte sich auf die Zehenspitzen, um besser sehen zu können, und Martin nahm das Pergament in die Hand und hielt es ihr hin.

Christa hielt ihren Kopf etwas schräg, während sie die Madonna betrachtete. Die Gestalt war als ganze Figur mit um den Körper drapierten Gewändern in Rot und Blau gemalt. Martin hatte ein kleines weißes Lamm ihr zur Seite gestellt und auf die gegenüberliegende Schulter hatte er eine sich ausruhende Taube gemalt, den Kopf unter dem Flügel. Die Gewänder waren mit Gold eingefasst, das leuchtete und funkelte, als wäre es massives Gold. Christa konnte nicht wissen, dass er ein bisschen Blattgold benutzt hatte und dass es deshalb so echt – fast wie das Altarkruzifix – aussah. Sie war von seiner Kunst beeindruckt. Und die blauen und roten Farben waren so intensiv und lebendig, dass jede Falte im Kleid der Madonna sich zu bewegen schien, als wehe durch das Bild eine schwache Brise. Und erst das Gesicht! Christa drehte den Kopf ein wenig, um es aus einem anderen Winkel zu betrachten: Das Gesicht hatte einen wirklich sonderbaren Ausdruck. Auf den ersten Blick zeigte es keinerlei Mienenspiel – ohne Lächeln, aber dennoch freundlich. Wenn man sich aber ein wenig bewegte und es von der anderen Seite ansah, schien es, als würde der Blick schärfer und der Mund schmaler. Christa schaute von dem Bild auf und sah Martin an, der lächelnd dastand und es ihr hinhielt. Er schien nichts Außergewöhnliches zu bemerken, denn er gab William nickend darin Recht, dass diese Maria jedem Betrachter Ruhe und innere Freude zusprechen würde, was den Gebeten und der Meditation nur förderlich sein konnte. Christa wollte schon fragen, warum das Gesicht so unterschiedliche Ausdrücke zeigte, ließ es dann aber doch. Sie betrachtete es wieder. Doch, es gab keinen Zweifel, es wechselte von freundlicher Ferne zu einem strengen, eindringlichen Blick. Aber sie beschloss, mit ihrer Frage zu warten, denn jetzt spannte Martin vorsichtig das dicke Pergament auf ein kleines Holzstativ und bat um Entschuldigung, dass er ihnen etwas von der ›Lesezeit‹ geraubt hatte. Er nickte William zu, blinzelte Christa freundschaftlich an und verließ das Zimmer.

William blieb in Gedanken versunken stehen und betrachtete das Bild. Dann richtete er sich auf und zeigte mit der Hand auf den Stuhl, auf dem bereits einige Kissen lagen.

»Komm her, Christa! Ich habe für dich schon die Seiten aufgeschlagen.«

Sie ging artig hin und kletterte auf den Stuhl. Das Bild stand am Fenster und sie konnte es nicht direkt sehen. An der gegenüberliegenden Wand hing der Fries. Sie wusste jetzt schon, dass sie mit den Bildern rechts und links große Schwierigkeiten haben würde, sich auf den Text zu konzentrieren. Andererseits war sie fest entschlossen, sich der Ausbildung bei Franz würdig zu zeigen. Sie hoffte, dass William heute bei ihr bleiben würde, und als sie ihn bat, mit ihr zu lesen, sagte er zu ihrer großen Erleichterung Ja!

»Zunächst möchte ich aber hören, wie dein Tag als Lehrling bei Franz verlaufen ist«, sagte William, während er einen Stuhl heranzog.

»Jens ist krank und wir versuchen ihn zu heilen.«

»Was fehlt ihm denn?«

»Wir wissen es nicht genau, aber er hustet und sagt, dass Bruder Rus daran schuld ist, weil der einen Fluch über ihn ausgesprochen hat!«

William sah Christa von der Seite an. Wie viel wusste sie von Rus und warum vertraute Jens seine verwirrten Gedanken allein ihr an?

»Christa, du weißt doch, dass Jens sich immer von allerlei Flüchen bedroht fühlt, sich aber oft in Irrglauben verrennt. Sieh dir dort den Bilderfries an der Wand an. Ich glaube, es ist an der Zeit, dass ich dir davon erzähle.«

»Das brauchst du nicht, William. Das hat Jens bereits getan.«

William setzte sich mit gerunzelter Stirn auf seinem Stuhl zurecht. Er hatte sie bis jetzt mit dieser Geschichte verschonen, ja eigentlich vor jedem störenden und erschreckenden Wissen schützen wollen. Und jetzt schien es, als hätte er einen Fehler gemacht. Je weniger er selbst erzählte, umso mehr taten das andere. Und mit welchen Konsequenzen? Da gab es keinen anderen Weg – er musste Christa über die Geschichte des Klosters informieren und darüber, was außerhalb der Mauern vor sich ging. Dann konnte er zumindest selbst entscheiden, wie es erzählt wurde.

Also erzählte William in groben Zügen von den politischen Strömungen, die den Alltag und die Zukunft des Klosters beeinflussten, vom König und den Kirchenfürsten, der Macht des Adels und dem Wohlwollen des Erzbischofs von Lund, durch das dem Kloster viele Spenden und Privilegien zuteil wurden.

Mit voller Absicht berichtete William ausführlich über den weltlichen Rahmen, der das Leben der Mönche beeinflusste, bevor er zu den eher finsteren und schwer verständlichen Sogbewegungen des Teufelswerks und der Mystik überging. Er hoffte, die Stimmung etwas zu entdramatisieren, indem er eine lange Lektion von sich gab über Dänemarks innere Zustände und Erzbischof Eskils vielfältige taktische Züge während seiner Verbannung, weil er dem König in religiösen Fragen widersprochen hatte.

»Unsere Kommunikation mit der höchsten Macht, mit Gott, ist ein Bollwerk gegen das Böse«, sagte er. »Es steht in unserer Macht, zu erkennen, wann ein Heiliger die Erde betritt, und darüber hinaus können wir uns gegen die Einmischung und Schikanen des Bösen schützen.«

Jetzt war er zum Kern der Sache gekommen. Um alles in der Welt wollte er nicht Christas Interesse für ungesunde Spekulationen wecken. Sie hatte von Rus gehört, aber das war kein Grund, dass ihre Neugier sie auf Abwege führte, die den Plänen des Teufels nur zupass kommen würden. Sie musste in sich selbst ein unüberwindliches Bollwerk gegen die Versuchungen errichten, die ihr begegnen würden. Er sah sie an. Ihr Blick flackerte zwischen dem Fries an der Wand und dem Marienbild auf dem Stativ hin und her. Ihr Mund war zusammengekniffen und ihre Stirn gerunzelt. Er fasste sie beim Arm und sie wandte ihm sofort ihr Gesicht zu. Ihre fast farblosen Augen schienen sein Spiegelbild einzufangen und William konnte es nicht verhindern, dass er bei dem Gedanken, dass sich auch Rus' Abbild in ihrer Iris spiegelte, erschauerte. Er räusperte sich und begann die beiden Werke zu vergleichen. Das Gute gegenüber der Austreibung des Bösen. Das eine stand stark und für alle Zeiten verankert als Kern ihres Lebens und Wirkens fest. Das andere war vertrieben, aber versuchte zurückzukehren, sobald sich der geringste Spalt fand, durch den es kriechen konnte.

»Wir können nicht so tun, als gäbe es das Böse nicht um uns herum«, sagte er. »Aber wir können unsere Seelen und unsere Wohnungen stärken. Das ist nur möglich, indem wir täglich im Geistigen und im Praktischen in Gottes Namen arbeiten.«

»Ist das wirklich so einfach?«, fragte Christa mit großen Augen. Es schien ihr, als würden Jens' fortwährende Beschwörungen Williams Worten widersprechen. Andererseits war William schließlich der Abt und Jens nur ein armer Kerl, der kaum selbst wusste, wer er eigentlich war. Christa war manchmal sehr im Zweifel, ob er seine Gedanken bei sich hatte, wenn er in Trance herumlief. War er wahnsinnig oder konnte er etwas sehen, dem gegenüber die anderen blind waren? Nein, er musste verwirrt sein. Abt William konnte weiter als die meisten sehen. Er kannte die großen Zusammenhänge und er wusste, was auf der Welt oben und was unten war. Sonst wäre er doch niemals Abt geworden! Sie sah den grauhaarigen Mann mit dem scharfen Profil vertrauensvoll an. William war das Oberhaupt und der Beschützer des Klosters. Unter seiner Führung konnten sich alle sicher fühlen. Von jetzt an würde sie nie mehr zögern, ihn etwas zu fragen, falls sie bestimmte Dinge nicht verstand. Er hatte zugegeben, dass sie alt genug war, eine Antwort zu bekommen, und dafür war sie ihm sehr dankbar. Einen Augenblick lang saßen beide still da. Dann klopfte William leicht auf den Tisch und bat sie mit dem Tagestext anzufangen. Sie hatten bis zur Vesper nicht mehr viel Zeit.

Die Wochen vergingen und Jens wurde immer kranker, eines Tages begann er sogar Blut zu husten. Er hatte sehr abgenommen und Christa drängte Franz jeden Tag, doch eine Medizin zu finden, die die kräftezehrende Krankheit bekämpfen konnte. Sie hatten Jens in der Küche hinter der Feuerstelle gebettet, damit er nicht frieren musste. Dort lag er also; stundenlang vollkommen unbeweglich und nicht in der Lage, mit jemandem zu sprechen. Wenn er erwachte, hustete er, seine Decken waren voll Schleim und Blut. Hohes

Fieber setzte ein und ließ ihn abwechselnd schwitzen und frieren, dass seine Zähne klapperten. Franz konnte nichts anderes tun, als dafür zu sorgen, dass der Patient genug zu trinken bekam – fiebersenkende, hustenstillende und schmerzlindernde Getränke aus den getrockneten Blättern verschiedener Kräuter.

Jetzt war Jens gerade eingeschlafen, während ihm der Schweiß über die Stirn lief. Christa saß auf seinem Bett und wischte ihm vorsichtig mit einem Tuch das Gesicht ab. Schon seit langem hatten sie keine Angst mehr vor einer Ansteckung. Sein Zustand hielt sich bereits seit Wochen und niemand hatte Symptome gezeigt, die den Vorstadien zu Jens' Krankheit ähnelten. Das war sonderbar! Franz schüttelte sich, während er zum zwanzigsten Mal die sonderbare Tatsache durchdachte, dass die Krankheit nicht ansteckend war. Das war kein bekanntes Fieber, auch wenn es den gefährlichen, ansteckenden epidemischen Krankheiten ähnelte, die weite Gebiete heimsuchen und sich sogar von Land zu Land verbreiten konnten. Franz hatte sich selbst schon mehrmals dabei ertappt, dass er die Möglichkeit überlegte, ob nicht doch ein Fluch auf dem armen jungen Mann läge!

Christa, die von Jens' Lager aufgestanden war, ging zu Franz in den Wirtschaftsraum. Sie setzte sich auf eine Tonne mit Zuckerrüben.

»Franz! Erzähl mir noch einmal von dem Universalmittel, das man vor tausenden von Jahren benutzt hat!«

Franz seufzte. Er wusste, wohin das führen würde. Wie oft hatte er seinem Lehrling schon erklärt, dass er nicht auf die Methoden der Urzeit zurückgreifen konnte – teils weil sie nicht wirksam waren, teils weil sie geradezu gefährlich sein konnten. Aber er konnte Christas Bitte nicht abschlagen.

»Theriak war, wie du ja schon weißt, eine Geheimmedizin, entstanden aus Angst und verschwörerischen Gedanken!«, begann er.

Christa hörte ihm aufmerksam zu und zog die Beine unter sich, während sie nickend zu erkennen gab, dass sie auf jedes Wort achtete, das gesagt wurde.

»Der Traum, Krankheit und Leiden bekämpfen zu können, ist immer ein Ziel der Menschen gewesen!«, fuhr Franz fort. »Deshalb befahl der römische Kaiser Nero seinem Leibarzt ein Mittel herzustellen, das nicht nur gegen natürliche Krankheiten schützte, sondern sogar gegen Vergiftungen. Wenn man jeden Tag eine bestimmte Menge Theriak einnahm, stärkte man damit die Abwehrkräfte des Körpers gegen das Böse, ob vom Menschen geschaffen oder aus der Natur kommend. Man brauchte mehr als fünfzig verschiedene Ingredienzen und das Mittel wurde unter strengster Geheimhaltung hergestellt.«

»Und mit der Zeit sind die Namen der fünfzig Ingredienzen verloren gegangen!«, warf Christa ein, während sie Franz voller Hoffnung ansah. Sie hatte schon lange mit dem Gedanken gespielt, dass sie doch gemeinsam die geheimen

Zutaten finden und dann das Wundermittel herstellen könnten.

»Ja, sie sind verloren gegangen!«, wiederholte Franz mit Nachdruck, sprach dann aber in einem weicheren Tonfall weiter: »Außerdem hat man immer wieder Ingredienzen gegen neue, wirksamere Stoffe ausgetauscht. Und diese Stoffe stammen sowohl aus dem Mineralreich als auch aus dem Pflanzenreich und dem Tierreich: Perlen und Goldstaub, Elfenbein und Mumien, Einhorngeweih und Kreuzotterfleisch. Diese Zutaten sind bekannt und im Pharmakopoe niedergeschrieben, zusammen mit dem wichtigsten Bestandteil, nämlich Opium, das aus dem Saft der Kapseln des roten Mohns hergestellt wird!«

Er schwieg und schaute Christa einen Augenblick lang an.

»Du musst wissen, das ist nicht das vollständige Rezept für Theriak, Christa. Viel zu viele Informationen sind verloren gegangen, aber ich glaube, dass dieses Mittel ausschließlich wirksam wird in Verbindung mit dem unchristlichen Aberglauben, mit dem es verbunden ist!« Er runzelte die Stirn und schaute seinen Lehrling streng an.

»Und vergiss nicht: Wir kennen keine Kuren gegen alles Böse. Wir können nur den bekanntesten Krankheiten vorbeugen und die Schmerzen lindern, wenn der Schaden eingetreten ist. In bestimmten Fällen haben wir das Glück, dass wir heilen können, aber das ist nichts, was wir als selbstverständlich hinnehmen dürfen. Also verwirf nur schnell den Gedanken, ein Zaubermittel hier in unserer Küche herstellen zu können!«

Als Franz danach hinausging, um nach seinem Patienten zu schauen, blieb Christa allein mit einem missmutigen Blick auf all die Krüge mit den getrockneten Kräutern sitzen. Offensichtlich gab es keine Möglichkeit, diese Dinge auf neue Art zu mischen und dadurch bisher ungeahnte, wundersame Wirkungen zu erlangen. Sie seufzte tief und sprang von ihrem Sitzplatz hinunter. Es war nicht mehr so kalt und Franz hatte gesagt, dass sie am Nachmittag an der Flurgrenze entlanggehen wollten, wo die wilden Pflanzen bald zu sprießen beginnen würden. Er wollte Christa mit seinen Plätzen vertraut machen – und vielleicht hatten sie sogar noch genügend Zeit, weiter in den Wald zu gehen, wo verschiedene heilwirksame Beeren und andere Gewächse zu finden waren. Christa überlegte noch einmal, was ihr Lehrmeister ihr über das Sammeln von Pflanzen erzählt hatte. Dass die Früchte der Bäume und Büsche erst im Herbst gesammelt werden konnten, wenn sie ganz ausgereift waren, das war selbstverständlich. Das wusste sie schon, bevor Franz es ihr erzählt hatte – das wusste doch wohl jeder. Viele Pflanzen sollten gegen Ende der Sommerperiode geerntet, aber Wurzeln mussten immer Anfang des Frühjahrs ausgegraben werden. Das sollte nämlich vor sich gehen, bevor die Pflanze neue Triebe bildete. Etwas später im Frühling konnte man in den Wald gehen und die neuen, grünen Blattschösslinge für die Küche pflücken, wo sie als wunderbare Zutat zum täglichen, kargen Essen dienten.

Heute wollten Franz und sie zum ersten Mal gemeinsam

das Terrain sondieren. Christa hatte sich bereits die ganze Woche darauf gefreut und jetzt konnte sie einfach nicht länger warten. Ihr war gesagt worden, sie brauche sich um Jens' Pflege nicht mehr zu kümmern, aber wie sollte sie seinen Zustand vergessen, solange sie Jens dort liegen und leiden sah?

3. Der Reliquienhändler

Der Frühling war endlich mit aller Macht nach Esrom gekommen. Die Temperaturen waren fast sommerlich und die Sonne schien schon seit Wochen. Christa und Franz gingen täglich in die Umgebung hinaus. Christas Welt hatte sich in diesem Frühling erweitert, jetzt gehörten die umliegenden Dörfer dazu und zum ersten Mal in ihrem Leben hatte sie täglichen Kontakt mit Menschen außerhalb des Klosters. Sie half beim Einkaufen und feilschte mit um die Preise, wenn Bruder Franz etwas auf dem Markt kaufte, was aber selten vorkam. Meistens gingen sie dann zum Fischhändler, denn die Mönche fuhren nur selten auf den See hinaus, um Fische zu fangen, und sie fuhren nie aufs Meer. Franz erzählte, dass Fisch Öle enthielt, die dem Wohlbefinden dienten, und man außerdem ihre Haut benutzen konnte, wenn man es verstand, sie richtig zu trocknen und zu gerben.

Der Fischhändler war ein Mann mittleren Alters mit dichtem, schwarzem Bart über das ganze Gesicht. Er sah unnahbar aus und er hatte eine gewaltige Stimmkraft, wenn er seine Fische anpries. Aber Christa war es gelungen, sein Vertrauen zu gewinnen, und heute wollten sie und Franz geradewegs zu seinem Stand, um Schwarzen Heilbutt für den Küchenmönch, Bruder Holger, zu kaufen. Als Christa die Stimme des Fischhändlers über den Marktplatz dröhnen hörte, lief sie voraus. Er hatte versprochen, ihr ein paar Muschelschalen mitzubringen, wenn er schöne, heile finden würde draußen am Öresund, wo er sein Boot hatte.

Heute waren außergewöhnlich viele Menschen auf dem Platz, sodass Christa sich ihren Weg zwischen schwingenden Ellbogen, Einkaufskörben und allen möglichen Taschenspielern freikämpfen musste. Die Leute sprangen überall herum, um zu betteln, zu betrügen oder sich ein paar Münzen zu erspielen. Plötzlich übertönte eine Stimme den sonst alles durchdringenden Bass des Fischhändlers. Es war ein hohes, piepsendes Quäken, das dennoch darin geübt zu sein schien, in alle Ecken der Welt zu dringen. Christa blieb erstaunt stehen; sie war davon überzeugt, dass man ihn bis ins Kloster hören konnte. Außerdem verwirrte es sie, dass der Mann, den sie noch nicht einmal sehen konnte, fast sang, und das auch noch in Reimen. War das ein Marktnarr wie all die anderen Trottel, die immer zu sehen waren? Franz war ja ein weit gereister Mönch und er hatte Christa ein bisschen von der großen Welt und all den Verführungen dort erzählt. Christa wusste nur zu gut, was Theater und Schauspiel waren; sie hatte einmal, als ein paar deutsche Mönche, die auf der Durchreise waren, ein Weihnachtsspiel aufgeführt hatten, selbst einen Eindruck von der besonderen Stimmung und Mystik dieser Welt bekommen. Sogar

Abt William hatte sich damals an ihrer Kunst erfreut. Die Spieler hatten in Versen gesungen, genau wie es diese sonderbare Stimme jetzt hier tat. Christa bahnte sich energisch einen Weg auf die Stimme zu. Sie musste sehen, wer da den Fischhändler übertönen konnte, der ansonsten die lauteste Stimme der Welt hatte – zumindest hatte sie es bis vor kurzem geglaubt.

»Ist zwivel herzen nachgebur
so muss der Seele werden sûr . . .«,

erklang es. Christa verstand die deutschen Brocken und es störte sie auch nicht, dass der Mann seine gemischten Sprachbrocken singend von sich gab. Es war für sie ganz normal, dass man der Zunge ihren Lauf ließ, ohne so genau auf Grammatik oder die Sprache zu achten – solange es nicht das Evangelium war, das man malträtierte. Sie war bis an einen Ring von Zuschauern gelangt, die einen engen Kreis um den sonderbaren Fremden bildeten. Wenn es ihr doch möglich wäre, sich weiter durchzuzwängen, damit sie den Mann sehen konnte! Und wirklich gelang es ihr, nach vorn zu kommen, und jetzt hatte sie freie Sicht auf den Narr oder was er nun immer auch war: Der Mann hatte sich auf einen großen Stein gestellt, und für Christa, die das letzte Stück zwischen der Menschenmenge fast gekrochen war, sah es aus, als würde er bis in die Wolken hinaufragen. Es war wirklich ein großer Mann, fast ein Riese, ohne ein einziges Haar auf dem Kopf. Dafür aber mit einem großen roten Bart und buschigen Augenbrauen der gleichen Farbe.

Seine Kleidung war wie seine Sprache eine kunterbunte Mischung aus den braunen Flachstrachten der Bauern und den bunten Bändern und Quasten des fahrenden Volks. Sein heller Umhang, der ihm lose über eine Schulter hing, erinnerte zum Teil an die Skapuliere der Mönche; Christa kam immer mehr zu der Überzeugung, dass sein Umhang genau so einer war, wie Franz und die anderen Brüder ihn trugen.

Aber die Stimme war ein noch größeres Mysterium als das Skapulier. Christa hatte nach der Stimme zu urteilen erwartet, einen krumm gebeugten Greis dort stehen zu sehen, der für ein paar Schillinge Späße machte. Es schien gegen die Gesetze der Natur zu sprechen, dass ein derartiger Hüne mit einer solchen Stimme auf die Versammelten einschrie. Man konnte fast glauben, der große Mann wäre stumm und hätte deshalb einen Alten oder einen Zwerg in seinem Inneren sitzen, der ihm seine Stimme lieh, um anzupreisen, was er zu verkaufen hatte. Das konnte nicht mit rechten Dingen zugehen.

Sie versuchte sich darauf zu konzentrieren, was er eigentlich rief. Hinter sich hatte er einen Handkarren stehen, von dem er bis jetzt noch nicht die schmutzige Decke gezogen hatte, die über der offensichtlich reichhaltigen Last lag.

»Diz vligende bîspel
ist tumben leuten gar ze snel,
sine mugens niht erdenken . . .«

Christa verstand nur halb, was der Mann sagte. Sie kannte zwar die deutsche Sprache, aber nur so weit, wie sie sie von den Brüdern hatte aufschnappen können, die aus ganz Europa herangereist kamen. Und außerdem verzerrte die sonderbare Stimme des Hünen die Worte bis zur Unkenntlichkeit. Aber so viel begriff sie: Er sprach von der Unbeständigkeit des Herzens, vom Ruf der Seele und den verlorenen Narren.

Was die Worte bedeuteten, das konnte sie nicht mehr überlegen, denn jetzt wurde die Decke vom Wagen abgezogen und eine Unmenge Krüge, Schachteln, Deckelkörbe und Bündel kamen zum Vorschein. Die Waren waren noch nicht hervorgeholt worden, aber schon die vielen kleinen Geheimnisse unter den Deckeln genügten, dass die Menge anfing zu murmeln und überlegte, was der Riese ihnen wohl zeigen würde.

Christa holte tief Luft und machte sich auf eine Überraschung gefasst, denn jetzt nahm der Riese mit feierlicher Miene eine kleine, rot angemalte Holzschachtel heraus und hielt sie hoch, damit alle sie sehen konnten. Er wollte sie gerade öffnen, als Christa im Nacken gepackt und nach hinten gezogen wurde.

Das war Franz, er hatte sie gefunden und zog sie jetzt wütend weg vom Spektakel. Sie hörte die Stimme des Hünen etwas sagen, er flüsterte fast bei der ehrfürchtigen Präsentation des Inhalts der Schachtel. Ein Raunen durchfuhr die Umstehenden, aber Christa wurde unerbittlich von Franz fortgezogen.

In sicherer Entfernung, hinter dem Stand des Fischhändlers, wurde sie auf eine Tonne gesetzt, worauf Franz sich mit vor der Brust gekreuzten Armen und einem sehr ernsten Gesichtsausdruck vor ihr aufstellte:

»Ich weiß nicht, wie viel du von den gottlosen Ergüssen des Krämers verstanden hast, aber ich sage dir eins: Er ist kein Mensch, dem man zuhören sollte. Weißt du, wer er ist, Christa?«

Sie schüttelte den Kopf. Franz hatte schließlich gerade verhindert, dass sie sehen konnte, worum es da eigentlich ging.

»Sein Name ist Theodor von Gylstram und er kommt jedes Jahr hier in die Gegend. Er lebt von Betrug und der eitlen Hoffnung der Dummköpfe, sich Gottes Wohlwollen und den Schutz der Heiligen erkaufen zu können. Er verkauft scheinbar heilige Schriften, die ein erbärmlicher Schreiber in Colbaz nach eigenem Gutdünken verfasst hat. Er hat Krüge mit Schweineknochen und Schachteln mit Haaren und Leichenzähnen dabei, die er gestohlen hat – und das alles verkauft er als nicht weniger als den Körper Christi. Er bietet sogar Holzsplitter vom Kreuz an, aber ich weiß, dass er inzwischen so viele Holzsplitter verkauft hat, dass man daraus unzählige große Kreuze zusammensetzen könnte. Sein Wagen bricht unter seiner verwerflichen Last fast zusammen, wenn er ankommt, und wenn er wieder abreist, ist der Wagen vollkommen leer. Das Einzige, was sich dann wölbt, ist sein Geldbeutel – der ist dafür bis zum Bersten mit Gold gefüllt. Er ist ein Betrüger, das sage ich dir, Christa. Halte dich von seinen gottlosen Vorstellungen fern.«

Christa wollte gerade den Mund öffnen, um einzuwenden, dass sie ja vorher nicht hatte wissen können, was für einen schlechten Charakter der Mann hatte, aber Franz ließ es nicht zu.

»Kein Wort mehr. Wir gehen nach Hause!«

Sie gingen zurück zum Kloster, wo es gerade zum Gebet läutete, als sie durchs Tor traten.

Da Christa es nicht geschafft hatte, ihre Muschelschalen beim Fischhändler zu holen, ging sie stattdessen in den Kräutergarten, um einige Löwenzahnblumen zu pflücken. Sie hatte vorgehabt, aus den Muscheln eine Halskette zu machen, jetzt musste sie sich stattdessen mit den gelben Blüten des Löwenzahns begnügen. Das hatte sie früher schon gemacht und zielstrebig ging sie in die Ecke, wo der Löwenzahn wuchs und sich immer weiter ausbreitete, auch wenn Franz und die anderen Brüder sich viel Mühe gaben, sein Wachstum zu begrenzen. Sie setzte sich mitten ins Blumenbeet und flocht die Blütenstängel zusammen. Als sie fertig war und sich den Kranz um den Hals gehängt hatte, fiel ihr noch etwas ein: Sie durfte nicht nur an sich denken. Jens sollte den Kranz haben. Er lag jetzt bereits seit einigen Wochen auf dem Klosterfriedhof und sie hatte ihn seit Tagen nicht besucht. War das wirklich Rus, der ihn geholt hatte? Das hatte Jens selbst zumindest an seinen letzten Tagen steif und fest behauptet; Christa erinnerte sich an seine wiederholten Warnungen, wenn sie an seinem Bett saß und versuchte, ihn von seinen finsteren Gedanken abzulenken. Das war ihr nicht gelungen, seine letzten Worte an sie enthielten eine eindringliche Mahnung, die Augen dem Teufel gegenüber offen zu halten, konnte er doch in den verschiedensten Verkleidungen auftauchen.

Sie stand auf und ging zum Friedhof hinter dem Hauptgebäude. Ihre Gedanken kreisten um den Reliquienhändler; war er der Teufel, der sich verkleidet hatte, oder vielleicht dessen Handlanger, wie Franz es behauptete? In dem Falle war es sonderbar, dass sich so viele Menschen von ihm angezogen fühlten. Konnten sie denn nicht durchschauen, was Franz so deutlich gesehen hatte? Sie selbst hatte keinen Anstoß an dem Mann genommen; sein kahler Schädel und der rote Bart wirkten bizarr, aber seine Augen waren freundlich und sorglos gewesen. Sein Auftritt hatte eher den spaßhaften Kapriolen eines Spielers geähnelt als der einschmeichelnden Schläue eines Verführers.

Jens' Grab lag ein Stück abseits von den Gräbern der Brüder. William hatte zwar den Toten als aus den Klauen des Teufels befreit erklärt, hatte es aber dennoch nicht über sich bringen können, ihn direkt neben den Mönchen zu begraben. Deshalb lag Jens ganz außen an der Flurgrenze mit einem bescheidenen Holzkreuz als Erinnerung.

Als Christa dort ankam, hängte sie vorsichtig ihren Blumenkranz ans Kreuz und blieb eine Weile gedankenversunken stehen. Ein Pfeifen ließ sie den Kopf heben und sich umdrehen. Es war der merkwürdige Bauer von dem Hof hinter dem Wald. Rupert. Er war übers Feld gekommen, ohne dass sie ihn bemerkt hatte, und jetzt stand er lächelnd hinter ihr, einen kleinen Lederbeutel unter dem Arm. Er sei gekommen, um mit Abt William zu sprechen, sagte er und strich sich das dunkle Haar aus der Stirn. Ob Christa ihm den Weg zum Abt zeigen könne? Sie nickte und ging mit dem Mann auf den Hof und weiter zu Williams Arbeitszimmer.

Rupert unterhielt sich freundlich mit ihr: Er lobte Christas Pflege des Grabs und tätschelte ihr den Kopf, als sie vor Williams Tür ankamen.

»Soll ich hineingehen und William sagen, dass du mit ihm reden möchtest?«, fragte sie und Rupert nickte eifrig. Sie klopfte an und trat ein, als sie Williams Stimme hörte. Er saß da mit ein paar Clairvaux-Schriftstücken, die er vor sich auf dem Tisch ausgebreitet hatte, und nickte ihr freundlich zu, als sie den Kopf hereinsteckte.

»Draußen steht ein Mann. Er möchte mit dir sprechen. Es ist Rupert!«

William stutzte. Rupert hatte sich noch nie zuvor direkt an ihn gewandt und William war nicht an den Störungen interessiert, die seine seltenen Besuche jedes Mal mit sich brachten. Nicht, dass die Brüder Rupert direkt als unwillkommenen Besuch ansahen, aber dem Bauern gelang es jedes Mal, sie hinsichtlich seiner Absichten, die hinter seinem Besuch oder seinen Geschenken standen, zu verunsichern. Wenn Rupert beispielsweise erklärte, er sei nur gekommen, um sich einige Ratschläge zu holen, wie er verhindern könnte, dass das Unkraut die Macht über seinen Kräutergarten bekam, dann sprach Franz in der Regel vor tauben Ohren, während der Bauer lieber in der Küche herumschnüffelte. Wenn Rupert den Mönchen nur einen Sack Mehl auf seinem Rückweg von der Mühle zukommen lassen wollte, setzte er sich oftmals nieder und erzählte stundenlang von den schrecklichsten Verbrechen, die in seinem eigenen Geschlecht im Laufe der Zeiten begangen worden waren. Die Mönche bekamen immer zu seinen Geschenken gleichzeitig etwas zum Grübeln hinzu, und wenn er etwas von den Mönchen wünschte, schien er gar nicht ernsthaft an dem, worum er gebeten hatte, interessiert. Nun kam es nicht so oft vor, dass Rupert an ihr Tor klopfte, aber wenn er es tat, hielten die Nachwirkungen seines Besuchs immer lange an. William mochte deshalb den Friedensstörer nicht, der jetzt draußen vor seiner Tür stand, gab Christa jedoch ein Zeichen, ihn hereinzubitten.

Die Nachmittagssonne schien geradewegs auf die Wand hinter Williams Arbeitstisch. Wenn man direkt auf das kleine Fenster schaute, bildete es ein fast blendendes Quadrat weißen Lichts. Und an der Wand hing der Bilderfries mit der Geschichte von Bruder Rus und seiner Vertreibung aus dem Kloster. Das Sonnenlicht gab den Farben Glut und Leben; der rote Teufelskörper auf dem Weg hinab in den Brunnen strahlte, als wäre die Haut lebendig und als würde sie vor Schweiß glänzen.

Rupert trat bescheiden ein und verneigte sich ehrerbietig vor dem Abt des Klosters. William breitete die Arme aus und bat den Gast zu sagen, was er auf dem Herzen habe.

Rupert schaute auf den Stuhl, der ihm nicht angeboten worden war, richtete dann aber schnell wieder seinen Blick auf William und setzte an:

»Vor einigen Tagen war ich auf dem Markt von Nødebo. Der Reliquienhändler, oder vielleicht soll ich lieber sagen, der Mann, der sich Theodor von Gylstram nennt, ist wieder in unsere Gegend gekommen und ich habe mich dazu verlocken lassen, eine Hahnenfeder zu kaufen, die vom heiligen Benedikt gesegnet sein soll. Der Reliquienhändler sagte, wenn ich diese Feder auf den mittleren Balken in meinem Stall legte, würden die Kühe mehr Milch geben!«

Rupert holte tief Luft, kniff die Augen zusammen und kam zur Sache, während William geduldig und mit neutralem Gesichtsausdruck den Mann weitersprechen ließ.

»Heute Morgen fand ich meine beste Milchkuh leblos auf dem Stroh liegen!«

Einen Moment lang blieb er still. Es war offensichtlich, dass Rupert eine Reaktion von William erwartete, aber der Abt dachte nicht daran, den Bauern bei seinem Vorhaben zu unterstützen. William hatte bereits erraten, was Rupert von ihm wollte, doch der Mann sollte selbst sagen, was er wünschte.

Rupert verwirrte Williams unerschütterliche Ruhe etwas, aber er nahm einen neuen Anlauf:

»Meine beste Milchkuh! Was für eine Hahnenfeder kann so ein Unglück verursachen? Ich möchte jetzt in aller Demut darum bitten, dass über diese verfluchte Feder hier im Kloster eine Messe gelesen wird. Vielleicht kann damit verhindert werden, dass meine übrigen Kühe auch noch eingehen!«

Rupert schaute zu Boden, während er, traurig über seinen Verlust, den Kopf schüttelte. Aber William wusste, dass das noch nicht alles war. Es war deutlich, dass der Bauer noch nicht alles gesagt hatte, was er sich vorgenommen hatte, denn er wartete gar nicht erst die Antwort des Abts auf seine Bitte um eine Messe für seine Kühe ab. Stattdessen begann er sich murmelnd über den letzten Besuch des Reliquienhändlers in dieser Gegend zu beklagen. Er kannte viele Bauern, deren Gutgläubigkeit ihnen entweder teure Einkäufe wertlosen Plunders oder sogar Unglück eingebracht hatte, weil die Reliquien oder was es sonst gewesen sein mochte, sie den Gefahrenmomenten gegenüber blind gemacht hatten, die überall draußen lauerten. Rupert wünschte mit anderen Worten, dass die Klosterbrüder den Reliquienhändler in Acht und Bann sprachen!

»Das kann ich nicht und das will ich auch nicht!«, lautete Williams Antwort.

»Dann muss er jedenfalls von hier weggejagt werden«, beharrte Rupert.

»Und wer soll ihn wegjagen? Meine Brüder?«

»Ja, damit würde ein gutes Exempel gesetzt! Theodor von Gylstram ist skrupellos, ich habe mir erzählen lassen, dass er jetzt sogar kleine Brotkanten verkauft, von denen er behauptet, sie wären von einem französischen Mönch gesegnet worden, der nach seinem Tod wie ein Heiliger verehrt wird. Er behauptet, dass das Brot nie eintrocknet, und die dummen Bauern fallen auf seine Redegewandtheit herein und glauben, sie könnten sich ein Wunder kaufen!«

Rupert starrte William bei seiner letzten Bemerkung direkt in die Augen, der Blick war herausfordernd und höhnisch. Der Abt erwiderte den Blick, ohne zu blinzeln oder eine Miene zu verziehen, aber was er dort drinnen entdeckte, erfüllte ihn mit Angst und Abscheu. Er schlug auf den Tisch und ignorierte die Herausforderung:

»Nein! Und deine derbkomische Idee einer Messe für eine Hahnenfeder ist auch abgelehnt!«

Das Gespräch war damit beendet. William brauchte nicht einmal aufzustehen, um Rupert die Tür zu weisen. Der Bauer ging freiwillig, hatte jedoch seine Fassung nicht so sehr verloren, als dass er vergessen hätte, dem Abt einen höflichen Abschiedsgruß zukommen zu lassen. Er neigte seinen Kopf und murmelte eine Entschuldigung, dass er sich erdreistet habe, derart anmaßende Bitten zu stellen, die Williams Wut entfachten. Er ging und ließ die Tür leise hinter sich ins Schloss fallen.

Christa wartete immer noch draußen. Sie war neugierig zu hören, was Rupert gewollt hatte, und als er herauskam, lief sie auf ihn zu, um zu fragen, ob der Besuch gut verlaufen sei – eine natürliche Zurückhaltung hielt sie davon ab, direkter zu fragen. Rupert schaute breit lächelnd auf sie hinunter. Der Besuch war genau seinen Erwartungen entsprechend verlaufen und er lachte laut auf, während er die Hände in einer Geste der Zufriedenheit zusammenschlug. Christa sah ihn verwundert an; ein Besuch bei William pflegte immer von tiefem Ernst geprägt zu sein. Noch nie hatte jemand das Zimmer des Abts lachend verlassen. Rupert war wirklich so sonderbar, wie die Brüder immer behaupteten, und sie konnte nicht sagen, ob der Bauer tatsächlich so fröhlich war, dass das Lachen in ihm hochblubberte, oder ob das Lachen eher gegen William gerichtet war. Aber wer konnte sich derart über einen Abt lustig machen?

Rupert strich ihr über den Kopf und ging auf den Hof hinaus, um dann durchs Tor zu verschwinden. Christa blieb im Säulengang stehen und schaute ihm etwas beklommen nach. Dann drehte sie sich um und ging zurück zu Williams Tür. Vorsichtig klopfte sie an und öffnete, als sie hörte, dass William »herein« rief.

»Warum war Rupert so fröhlich?«

William saß eine Zeit lang da, ohne zu antworten. Eine Wolke war vor die Sonne gezogen und das zuvor strahlende Fensterquadrat war erloschen. Das jetzt hereinfallende bleiche Licht ließ die Gesichtszüge des Abts müde und alt aussehen.

»Ich habe ihn wohl gehört, Christa. Ich weiß nicht, was ihn derart amüsieren konnte. Sein Besuch hier hat ihm nichts gebracht . . . Aber vielleicht wollte er nur herkommen, um mich zu verhöhnen, dieser Teufel.« Die letzten Worte sagte William fast zu sich selbst, und zwar so leise, dass Christa sie kaum verstehen konnte.

»Was hat er denn gesagt?«

»Einige Menschen schaffen es immer wieder, um sich herum Unfrieden zu stiften. Ich glaube, Rupert gehört zu der Sorte. Christa, ich wünsche nicht, dass du mit ihm sprichst, wenn er sich hier herumtreibt. Er ist ein Unruhestifter – und auch wenn wir ihn nicht einfach hinauswerfen können, müssen wir ein wachsames Auge auf ihn haben.«

»Aber er bringt uns doch oft Geschenke. Das macht er doch nicht, um Unfrieden zu stiften, oder?«

»Das stimmt. Er bringt uns Geschenke – und wir danken ihm dafür, aber . . . ich weiß nicht so recht, wie ich es dir erklären soll, Christa. Nicht alle Geschenke kommen von reinem Herzen. Kannst du das verstehen?«

Christa verstand Williams dunkle Andeutungen nicht ganz, nickte jedoch und ließ ihn in seinen eigenen Grübeleien zurück. An einem einzigen Tag war ihr verboten worden, mit zwei verschiedenen Personen zu sprechen. Sie beschloss zu dem alten Sigurd hinaufzugehen. Am Nachmittag hatte Franz ihr mitgeteilt, dass er einige Zeit etwas lesen müsse und es deshalb für Christa nichts zu tun gebe, sie brauchte noch Franz' Aufsicht, wenn sie im Wirtschaftsraum mit den Kräutern und den getrockneten Blumen hantierte. Außerdem konnte sie noch nicht alle Dinge ohne die helfende Hand eines Erwachsenen erreichen.

Auf der schmalen Treppe zum Gang hinauf, an dem Sigurds Zelle lag, blieb sie plötzlich stehen. Wenn Franz unten in der Küche saß und las, etwas lernte oder auch nur sein schon so großes Wissen wieder auffrischte, so gab es keinen Grund für sie, unbeschäftigt herumzulaufen. Sigurd hatte ihr einmal gesagt, dass jeder Mensch nur so viel Wissen besaß, wie er oder sie selbst wünschte. Jetzt wurde Christa klar, was der alte Mönch damit meinte. Sie wollte keine Geschichten mehr hören, im Gegenteil, sie wollte von den Tatsachen des Lebens hören. Ruperts Lachen klang ihr immer noch in den Ohren und sie sah Williams müdes Gesicht vor sich. Trotz ihres Aufwachsens im Kloster begriff sie nicht einmal die Hälfte von dem, was um sie herum vor sich ging, und die heutigen Episoden hatten das Gefühl in ihr noch verstärkt, aus einer Gemeinschaft ausgeschlossen zu sein, zu der sie doch gehörte. Damit sollte jetzt Schluss sein. Sie wollte alles lernen, was sie konnte, ganz gleich, welcher Art das Wissen nun war. Allein auf diese Art konnte sie klüger werden und damit in der Lage sein, ihre Umgebung besser zu verstehen. Franz war ihr Lehrmeister und jetzt wollte sie ihn bitten, sein Wissen mit ihr zu teilen. Sie besaß das Grundwissen, das dazu notwendig war, und noch mehr.

Wenn Franz etwas lernte, wollte sie es auch lernen. Wenn sie genug lernte, könnte sie vielleicht eines Tages in der Lage sein, allein die wirksamen Kräuter zu finden und sie zu einer neuen Medizin zu mischen. Ihre Faszination von dem Wundermittel Theriak war nicht verschwunden, auch wenn Franz sie gebeten hatte, es sich ein für alle Mal aus dem Kopf zu schlagen.

Franz saß an der Feuerstelle in der Küche. Auch wenn draußen mildes Sommerwetter herrschte, war es innerhalb der dicken Klostermauern immer kühl. Er saß über einigen seiner Schriften aus der Salernoschule, Kopien, die in Cîteaux angefertigt worden waren, aber er las nicht. Bevor er Christa als seinen Lehrling angenommen hatte, war er immer mal wieder mit Experimenten mit Pflanzengiften beschäftigt gewesen, die über ihre tödliche Wirkung hinaus auch eine geheimnisvolle Heilkraft besaßen – wohlgemerkt, wenn man es verstand, sie korrekt zu dosieren.

Inzwischen vermisste er diese Arbeit, die täglich sein Können herausgefordert und seine Wissbegierde angeregt hatte. Aber er vermisste auch Zeit und Gelegenheit, die Geheimnisse der Pflanzen zu erforschen.

Hier in Dänemark gab es Gewächse, die er vorher nicht

gekannt hatte, und wenn er Christa auf seine häufigen Waldwanderungen mitnahm, musste er sich immer wieder kontrollieren, dass er nicht nach den Giftpflanzen suchte, die in seinem Katalog aufgeführt waren, den die Mönche von Cîteaux nach dem Original aus der Salernoschule geschrieben hatten. Christa war noch nicht bereit, dieses gefährliche Wissen zu teilen, und das bedeutete, dass seine eigenen Ambitionen auf diesem Feld nicht realisiert werden konnten. Weder draußen noch in der Küche konnte er etwas tun, ohne dass seine Schülerin eifrig jede kleinste Bewegung seiner Hände beobachtete, und sie hatte bereits so viel gelernt, dass sie es augenblicklich bemerken würde, wenn er etwas außerhalb des Üblichen anfangen würde.

Franz seufzte. Er wagte es nicht, Christa in diese Dinge einzuweihen – so gern er es auch wollte. Die Experimente bargen immer ein Gefahrenmoment in sich, doch seine Erfahrung sagte ihm, dass Konzentration und Sorgfalt das Risiko deutlich minderten. Christa hatte gelernt, genau darauf zu achten, was sie in der Küche machte, und seine Skrupel hatten eine ganz andere Ursache. Giftmischer waren nicht wohl angesehen und die Brüder selbst hatten ihre große Skepsis gegenüber seinen früheren Versuchen mit Giftextrakten ausgedrückt. Was würde dann erst gesagt und gedacht werden, wenn ein kleines Mädchen sich zu einer Kennerin dieser heimlichen Wissenschaft entwickelte, die nur wenige anerkannte Fachleute in dem abendländischen Teil der bekannten Welt überhaupt beherrschten?

Er wurde in seinen Grübeleien unterbrochen, als Christa in die Küche trat und sich neben ihn setzte. Ohne Umschweife begann sie ihre Frage zu stellen:

»Warum darf ich nicht in die Nähe von Rupert und von dem Reliquienhändler kommen?«

»Von Rupert? Dem Bauern hinter dem Wald? Wer sagt das?«

»William. Und Rupert hat ihn gerade besucht. Ich glaube, er hat William belästigt. Warum erzählt ihr mir nicht, warum ich mich von bestimmten Menschen fern halten soll?«

»Ich kenne Williams Gedanken nicht, aber ich weiß, dass er Recht hat, wenn er dir einen derartigen Bescheid gibt. Mir gefällt Rupert auch nicht. Und was den Reliquienhändler betrifft: Höre nicht auf sein Gerede. Das ist nichts anderes als Geschwätz, mit dem sich einfältige Bauern narren lassen. Er verhöhnt die Heilige Schrift, wenn er in dieser Art Wunder anpreist. Höre lieber, was gesagt wird, wenn wir zu den Stundengebeten gehen.«

»Das tue ich ja.« Christa sah nur zu gut, dass Franz sie gern losgeworden wäre. Er hatte so nachdenklich ausgesehen und sie wusste, dass sie ihn gestört hatte. Aber das nützte nichts. Jetzt wollte sie endlich an der Welt der Erwachsenen teilhaben. Sie fuhr fort:

»Warum liegt Jens so weit weg von den anderen da hinten?«

Franz sah sie überrascht an. Noch nie hatte er sie so

gesehen: trotzig und entschlossen. Vielleicht hatten sie ihr bisher zu viel verschwiegen. Diese Art unfreiwilligen Nichtwissens konnte viel Böses mit sich bringen. Wenn sie gezwungen wurde, sich ihre eigenen Erklärungen für die Ereignisse zu schaffen, würde es schwer werden, ihr Vertrauen wiederzugewinnen. Zumindest war das zu fürchten. Und Jens war ihr Freund gewesen ...

»Wir sind nur Menschen, Christa. Auch wenn wir für Gott arbeiten, kann es geschehen, dass wir uns mehr fürchten, als wir glauben. William hat entschieden, dass Jens ein Stück abseits von den anderen Gräbern liegen soll, weil niemand weiß, warum er so krank wurde, dass er starb.«

»Wegen Rus?«

»Ja!«

»Aber Rus ist doch weggejagt worden.«

»Es wurde eine Messe für Jens gelesen und er ist in gleicher Weise beerdigt worden wie alle Brüder hier im Kloster. Der einzige Unterschied ist, dass er ein Stück entfernt von den anderen liegt.«

»Ja, aber ...«

»Wir haben nichts getan, was Jens' Seele schaden könnte. Wenn er an einer normalen Krankheit gestorben ist, ist er jetzt in Sicherheit. Wenn er vom Teufel besessen war, dann haben wir das Böse an einem Ort zu Grabe getragen, wo es keinen Schaden anrichten kann.«

Christa seufzte. Das gab alles keinen Sinn. Wenn der Teufel einen Zugang haben wollte, dann konnten sie ihn doch nicht daran hindern, indem sie Jens an der Flurgrenze begruben – oder?

»William sagt, dass man sich nicht an die alten Regeln halten soll, die die Bauern immer noch benutzen, um sich nach allen Seiten hin abzusichern.«

Franz wusste, was sie damit andeuten wollte. Die Bauern meinten, sie würden sich am besten schützen, wenn sie gleichzeitig der Macht der Kirche und den alten heidnischen Ritualen an den wichtigsten Festtagen des Jahres gehorchten. Und nach diesen Ritualen sollte ein Begräbnis unter einer Flurgrenze dafür sorgen, dass der Tote in seinem Grab blieb und sich nicht als gottloses Gespenst daraus erhob. Es stimmte, dass die Brüder diese Sitte als weitere Sicherheitsmaßnahme benutzt hatten. Dass Christa das auffallen würde, damit hatte niemand gerechnet.

»Denkst du jetzt an Jens?« Er versuchte etwas Zeit zu gewinnen, bevor er ihr ehrlich anworten wollte.

»Ja!«

Da war nichts zu machen. Er musste ihr den Zwiespalt der Brüder erklären.

»Wie schon gesagt, Christa: Wir sind nur Menschen, und wenn wir bei Jens' Begräbnis der alten Sitte gefolgt sind, dann nur, um die Lebenden hier im Kloster, ja in der ganzen Gegend, zu schützen. Wir wissen nur so wenig und vielleicht haben wir uns selbst geholfen, indem wir das taten, was wir getan haben.«

Christa war mit dieser Antwort zufrieden. Sie nickte und rutschte näher an Franz heran.

»Darf ich sehen, was du da liest?«

Er wollte es ihr abschlagen, besann sich dann aber. Der Katalog war eine Übersicht, ein Schema, das die Pflanzen in Familien, Wachstumsgebiete und Wirkungen systematisierte. Jetzt, wo Christa so gut wie jeder andere Mönch im Kloster lesen konnte, musste er ihr auch seine eigenen Quellen zeigen.

Er gab ihr den dicken Bogen mit den kunstfertig ausgeführten Zeichnungen und der fein geschwungenen Handschrift. Das war eine Arbeit, die ihre Zeit gebraucht hatte, und der Mönch, der sie verrichtet hatte, war sicher stolz und zufrieden mit dem Ergebnis gewesen. Franz half seinem Lehrling, die erste Seite mit dem Vorwort der besten Lehrmeister von Salerno zu finden. Aber Christa war nicht daran interessiert, was diese gelehrten Männer zu sagen hatten; Franz hatte ihr ja bereits so oft erzählt, was da stand. Sie blätterte weiter, bis sie zu den giftigen Heilpflanzen kam. Hier hielt sie inne und begann zu lesen, was Franz ihr noch nie beigebracht hatte. Ihr fiel auf, dass es viele Anmerkungen in Franz' eigener Handschrift gab, und zwar über dänische Kräuter und Pflanzen, die zu entdecken und zu beobachten er geschafft hatte, auch wenn er sie nie gepflückt und in die Küche gebracht hatte: Da war Goldregen, der betäuben und töten konnte, da war Stechapfel, der Halluzinationen und Angstvorstellungen hervorrufen konnte, da waren Scharbockskraut und Erdrauch, die ätzen konnten. Allen gemeinsam war die Fähigkeit, dass sie außerdem für die Heilung vieler Leiden verwandt werden konnten. Die Kunst bestand darin, sie richtig anzuwenden, was Franz ja bereits oft ihr gegenüber erwähnt hatte, wenn er auf ihre Fragen über giftige Pflanzen antwortete. Und außerdem waren die Pflanzen ja ein ganz natürlicher Teil ihrer Welt – erst wenn ihr Saft oder ihre Beeren in konzentriertes Gift verwandelt worden waren, konnte man von einem von Menschen geschaffenen Stoff sprechen, der missbraucht werden und der töten konnte.

Christa blieb bei einer Notiz und einer Skizze hängen, die Franz eingefügt hatte. Unter die Skizze hatte er ›Fingerhut‹ geschrieben und daneben standen einige Bemerkungen über das Verpflanzen aus dem Gebirge ins flache Land. Die Zeichnung zeigte einen langen Stiel mit glockenförmigen Blumen in dichten Trauben. Fingerhutförmig! Es war nichts über die Eigenschaften der Pflanze verzeichnet, aber sie musste ja wohl giftig sein . . .

»Was für eine Pflanze ist das, Franz?«, fragte Christa.

»Das weiß ich selbst nicht genau«, antwortete Franz zögernd.

Die Pflanze war bereits vor Jahren Gegenstand seiner Aufmerksamkeit geworden, als er vom Mittelmeer nach Cîteaux gewandert war. Auf seinem Weg hatte er Nachtlogis bei einem Bergbauern gefunden, und als Franz sein Interesse für die getrockneten Kräuter der Bäuerin und die vielen

Bündel zeigte, die unter der Decke hingen, hatte sie ihm bereitwillig erzählt, was sie dort hatte. Die Fingerhutpflanze, die in einem großen Bündel über Franz' Kopf hing, hatte sofort seine Aufmerksamkeit erregt. Er kannte sie nicht als Heilkraut, und als er die Frau fragte, wozu sie sie verwandte, hatte sie geantwortet, dass das Wissen über diese Pflanze und ihre Eigenschaften von Generation zu Generation in ihrer Familie überliefert wurde. Es war nur auf dieser isolierten Alm in den italienischen Alpen bekannt und sie war nicht diejenige, die ihr Wissen so ohne weiteres weitergeben würde. Der Saft der Pflanze beeinflusste unmittelbar nach seiner Einnahme das Herz. Er konnte den Schwachen und Herzkranken das Leben zurückgeben oder aber den stärksten Mann umbringen, wenn er zu viel davon bekam. So einfach und so kompromisslos. Die Pflanze war Leben und Tod zugleich. Sie wuchs in den Bergen und Franz hatte sie bisher noch nirgends sonst gesehen.

Aber, vertraute er Christa an, er hatte einige Samen mitgebracht, als er nach Esrom kam. Er hatte sie ausgesät und träumte jetzt davon, die Fingerhutpflanze hier im Kloster zu züchten. Es hatte sich gezeigt, dass die Pflanzen an der Südmauer des Kräutergartens wuchsen, auch wenn die Bedingungen für sie nicht optimal waren. Niemand war bisher auf sie aufmerksam geworden und sie waren noch zu klein und jung, als dass man sie für etwas gebrauchen konnte, aber sobald, oder besser gesagt, falls es ihm einmal gelingen würde, eine Medizin aus dem Pflanzensaft herzustellen, würde er derjenige sein, der die Fingerhutpflanze ins Pharmakopoe einführte. Bis jetzt war sie darin nicht angeführt und Franz hatte das Gefühl, dass sie bisher weder von den Botanikern noch von den Heilkundigen entdeckt worden war. Jedenfalls hatte sie niemand gekannt, als er zwischen Europas Klöstern umhergereist war, bevor er nach Esrom kam.

Und Franz hatte nichts von seinen Erwartungen verlauten lassen – aus Gründen, die er nicht gern zugab, weil sie eigennützig waren und den Ehrgeiz über die Nächstenliebe stellten. Er wünschte sich so brennend, dass es ihm gelingen möge, die Pflanzen hier in Esrom zur Fortpflanzung zu züchten und später die genauen Rezeptangaben und die korrekten Anwendungsmöglichkeiten zu erforschen. Vielleicht war das auch ein Grund dafür, dass er Christa aus diesem Bereich seiner Tätigkeit als heilkundiger Kräuterexperte ausschloss. Er konnte es selbst nicht sagen, aber der Gedanke behagte ihm nicht.

Franz schüttelte den Kopf und schob diese unangenehmen Gedanken zur Seite. Stattdessen begann er jetzt mit Christa diesen Teil der Aufzeichnungen durchzugehen. Von einem Ende bis zum anderen. Und er achtete sorgfältig darauf, dass sie genau die Doppelfunktion der Pflanzen und ihre gewaltigen Kräfte erkannte. Christa saß still neben ihm und nickte eifrig, um ihm zu verstehen zu geben, dass sie aufmerksam zuhörte und dass sie verstand, was ihr erklärt wurde. Endlich wurde sie von ihrem Lehrmeister voll akzeptiert. Jetzt hatte sie das Gefühl, es gäbe keine Grenzen für das, was sie alles lernen könnte. Zusammen mit Franz wollte sie forschen und experimentieren, bis sie gemeinsam die Antwort auf das Rätsel allen Leidens gefunden hätten. Vielleicht war ja gerade das Lernen schon die Antwort. Sie behielt ihre Begeisterung für sich, denn sie wusste, dass derartige Gedanken ketzerisch und eitel waren. Williams Unterricht während der vielen Stunden in der Studierstube hatte auch seine Spuren in ihrer Gedankenwelt hinterlassen. Das Leben der Brüder hier im Kloster sollte doch vor allem dazu dienen, den Glauben zu stärken, indem sie sich die größte Mühe bei ihrer täglichen Arbeit gaben. Das tat Franz auch, aber Christa kam nicht umhin, sie schätzte ihren Lehrmeister einfach höher als die übrigen Brüder. Er verkörperte für sie eine Wissenschaft, die Leben retten und Schmerzen lindern konnte. Warum also diese üblen Dinge akzeptieren, wenn man sie doch bekämpfen konnte? Die Bauern und die Handel Treibenden, die sie auf dem Markt sah, kämpften auf ihre Weise, wenn sie bei den Priestern und den Gottesdiensten in der Dorfkirche keinen Trost fanden. Sie benutzten gleichzeitig Gott und alle möglichen alten Gottheiten und ihnen wohlgesinnte Geister, die ihre Vorväter am Leben erhalten hatten, damit auch die Nachkommen deren Schutz aufsuchen konnten, wenn alles andere nicht half. Eine der Bauersfrauen auf dem Markt war eines Tages zu Christa gekommen, als diese mit Franz am Wagen des Fischhändlers gestanden hatte. Sie hatte sich herabgebeugt und Christa eine Kornblume ins Haar gesteckt, wobei sie zu Franz sagte, dass sie sich jedes Mal freue, wenn sie Christa auf dem Markt sehe. In ihren Augen war Christa das lebendige Gegenteil der dunklen Existenzen und Schutzgeister im Dunkel der Scheunen.

Zur gleichen Zeit stand William vor dem Holzkasten, der neben Martins Bilderfries an der Wand seines Arbeitszimmers hing. Er hatte lange dort gestanden und abwechselnd die Bilder von der Vertreibung des Teufels und das Schränkchen mit dem Schlüssel im Schloss betrachtet. Er selbst hatte den Schlüssel hineingesteckt, aber sich bis jetzt noch nicht getraut, die Tür zu öffnen. Dort drinnen lag das Brot, das Eskil aus Clairvaux mitgebracht hatte. Williams Blick verweilte lange auf dem letzten Bild des Frieses, wobei ihm Ruperts höhnische Worte über das Brot des Reliquienhändlers und die leichtgläubigen Bauern noch in den Ohren klangen – der rote Teufelskörper auf dem Weg in den Brunnen hinein und das Gesicht, dem das Böse in jeden Zug gemalt war, schienen ihn auch jetzt noch, nachdem Rupert schon lange Zeit wieder fort war, zu verhöhnen. Ihm war, als könnte er die Stimme des Bauern immer noch im Zimmer hören, und die Farbkraft des Bilds schien mit jeder Minute zuzunehmen.

William war sich bewusst, dass sein Zögern den gefürchteten Augenblick, in dem er das heilige Brot in Augenschein nehmen würde, nur verschob. Jahrelang hatte er täglich das Schränkchen geöffnet, um das kleinste Zeichen von Verfall sofort zu erkennen, aber bis heute hatte das Geschenk des verstorbenen Bernhard für Eskil seine Frische bewahrt – während der langen Zeit von Eskils Verbannung durch König Waldemar, die jetzt endlich ein Ende nehmen würde, hatte das Brot der Zeit und dem Verderben widerstanden. Aber jetzt? Es hatte keinen Sinn, noch länger zu warten. Er drehte den Schlüssel herum und öffnete mit angehaltenem Atem das Kästchen.

Er sank auf den Stuhl zurück. In kurzer Zeit würde Eskil ins Kloster kommen. Gott sei Dank! Das konnte er nicht mehr allein durchstehen! Das Brot lag immer noch im Schrank, aber er brachte es nicht über sich, es anzufassen. Diese schwarze, stinkende Substanz erregte seinen Ekel; schnell sprang er wieder auf und warf die Schranktür zu. Der Schlüssel wurde umgedreht und William sank erneut auf seinen Stuhl, jetzt den Blick gleichzeitig voller Kampflust und Verzweiflung. Die heilige Reliquie war verdorben, schwarz geworden durch das Böse, das noch einmal den Grund des Klosters betreten hatte. Rus war immer noch unter ihnen, er hatte mit aller Deutlichkeit gezeigt, dass mehr als Gebete und Beschwörungen dazu gehörte, ihn zu vertreiben.

Aber William war bereit, bis zum Letzten für sein Kloster

und Bernhards Gedenken zu kämpfen. Er würde seine Brüder um sich für den Kampf sammeln, der in jeder einzelnen Minute gekämpft werden müsste. Und Eskil . . . Es gab keinen Grund, ihm einen Boten entgegenzuschicken. Er war ja bereits auf dem Weg nach Esrom, und wenn er ankam, dann waren sie einen Mann stärker – und zwar einen Mann, dessen Kräfte für zehn zählten.

Er ertappte sich bei dem Wunsch, der alte Sigurd möge nicht krank und hinfällig sein. Es wäre eine Erleichterung für ihn, jetzt mit ihm sprechen zu können, aber in den letzten Wochen hatten Alter und Krankheit den Kontakt des alten Bruders mit dieser Welt vollkommen unmöglich gemacht. William stand auf und ging hinaus. Die Luft in seiner Studierstube kam ihm schwer und unerträglich vor, der Raum war verpestet und er zweifelte, ob er sich jemals wieder hier drinnen in seine Studien vertiefen könnte. Er wusste, dass er floh, aber im Augenblick gab es keine andere Möglichkeit. Er konnte den Schatten nicht ertragen, der sich auf diesen Raum gelegt hatte, in dem er sich sonst immer so gern aufhielt.

Er ging hinaus auf den Hof, wo die Sonne von einem wolkenlosen Himmel schien. Ihm war, als sehe er das Licht zum ersten Mal, und William dankte seinem Schöpfer, dass er auch nach seinem Zusammentreffen mit Rupert noch in der Lage war, das Gute in der Welt zu sehen. Er blieb stehen und atmete tief ein, wobei sein Blick über die Gebäude wanderte, die sein Kloster bildeten, seine Burg, die er bis zum Letzten verteidigen würde.

Als er hörte, wie das Tor aufging, drehte er sich um. Herein kam der alte Uffe, gefolgt von einer phantastischen Gestalt. William zog die Augenbrauen hoch und kniff die Augen zusammen. Das konnte nicht wahr sein, oder doch? Heute war offensichtlich ein Tag, an dem seine Geduld auf eine ernste Probe gestellt werden sollte. Hinter Uffe, eifrig redend und gestikulierend, erschien ein Riese von einem Mann, sein Schädel war kahl, sein fuchsroter Bart wucherte dafür umso üppiger. Seine Gewänder waren kunterbunt und über all der Herrlichkeit trug er einen Umhang, der den Skapulieren der Brüder ähnelte. Der Reliquienhändler! Theodor von Gylstram war in seiner ganzen Größe durchs Tor getreten! Zu Williams Erleichterung hatte er zumindest seinen Wagen nicht dabei.

William ging den beiden entgegen, und als Uffe den Abt entdeckte, blieb er stehen und sagte schnell einige Worte zum Reliquienhändler, der freundlich nickte und sich abwartend neben den alten Mann stellte. William, immer noch schwer erschüttert über das plötzliche Verderben seiner Reliquie, erwartete nicht gerade Gutes von diesem ›Marktschreier‹. Er wandte sich direkt an Uffe und vermied es, das zuvorkommende Lächeln und Nicken des Hünen zu erwidern.

»Wen hast du da mitgebracht, Uffe?«

William spürte, dass es notwendig war, so zu tun, als würde er Theodor von Gylstram nicht kennen. Auf diese Weise war es einfacher, sich den Wünschen des Gasts gegenüber abweisend zu verhalten.

»Darf ich mich vorstellen?« Der Reliquienhändler ergriff das Wort, noch bevor Uffe dem Abt antworten konnte. »Theodor von Gylstram. Mit Reliquien aus der ganzen christlichen Welt handelnd!« Er machte eine erwartungsvolle Pause, aber wenn er geglaubt hatte, er könnte Esroms Abt imponieren, dann hatte er sich geirrt. Als William ihn nur wortlos anstarrte, räusperte er sich und fuhr fort:

»Ich bin auf dem Weg in den Süden, aber mein Pferd hinkt plötzlich. Ich brauche Hilfe, und als ich das Kloster in der Nähe sah, habe ich mir erlaubt, herzukommen und ans Tor zu klopfen.«

Uffe, der sich inzwischen gefasst hatte, begann die Sache genauer zu erklären:

»Abt William, ich kam gerade von Nødebo, als dieser Mann dort stand und hineinwollte. Ich konnte ihn ja nicht abweisen und außerdem habe ich mir schon sein Pferd angesehen. Es benötigt kalte Umschläge, ich kenne diese Art von Beinverletzungen und kann sie ohne Probleme im Laufe einer Woche beheben, wenn das Pferd hier in den Stall kommt.«

»Dann steht der Wagen also vor dem Tor?« William war von den Neuigkeiten nicht begeistert. Unter diesen Umständen konnte er den Mann nicht abweisen.

»Ja, er steht draußen. Das Pferd ist bereits ausgespannt.« Uffe war sich klar über das Problem mit dem Wagen und seinem Inhalt. Aber nichtsdestoweiger musste er weitersprechen: »Das Pferd kann in den Stall kommen, das ist klar, aber der Wagen muss wohl auch auf den Hof gerollt werden, wenn er nicht im Laufe der Nacht geplündert werden soll.« Damit war es gesagt und jetzt war es Williams Aufgabe, zu entscheiden, ob der Reliquienhändler im Kloster aufgenommen werden durfte.

William stand einen Augenblick lang in Gedanken versunken da. Es schien, als hätten die Ereignisse ihm die Macht entrissen. Konnte das miteinander zusammenhängen: Ruperts Besuch, das Brot und jetzt die Ankunft dieses Krämers genau zu dem Zeitpunkt, zu dem Eskil mit seinem Gefolge erwartet wurde? Das musste eine Prüfung sein. Eine Herausforderung. Er beschloss diese Herausforderung anzunehmen und sich auf das, was da wohl kommen würde, vorzubereiten.

»Du hast Recht, Uffe. Führe das Pferd in den Stall und kümmere dich um das Tier. Und unser Gast kann in der Küche einquartiert werden, solange es notwendig sein wird.«

In der Küche, dachte William ärgerlich. Er hatte keine Zeit gehabt, die Lage gründlich zu durchdenken, und die Küchenräume waren gut genug für einen Gast, der nicht Mitglied des Ordens war. Das war der übliche Platz für einen Reisenden, der für kürzere Zeit einen Unterschlupf brauchte. Aber gerade die Küche! Vielleicht war er vorschnell gewesen. Vielleicht hatte er damit die Kräfte herausgefordert, die ihr Spiel mit ihm und dem Kloster trieben. Die Küche! Aber jetzt musste er es drauf ankommen lassen. Ob Rus nun zurückgekommen war oder nicht, sie konnten es nicht zulassen, dass diese Frage Einfluss auf ihr tägliches Leben und ihre Arbeit nahm. Dann könnten sie ja gleich aufgeben. Bei näherem Nachdenken war es am besten, wenn sie nicht vor ihrer eigenen Angst zurückwichen. Also blieb es bei der Küche.

Uffe verneigte sich vor seinem Abt, während Theodor von Gylstram sich in Dankesbekundungen und Lobpreisungen erging, mal in dänischer, mal in deutscher Sprache. Der alte Laienbruder nahm ihn beim Ärmel und zog ihn mit sich durch das Tor, bevor er William mit seiner überschäumenden Dankbarkeit ermüden konnte. Der Abt seufzte und ging kopfschüttelnd zur Küche. Es war das Beste, wenn die Brüder gleich von dem Gast erfuhren, und außerdem wollte er ein paar Worte mit Franz unter vier Augen sprechen. Jetzt, wo Sigurd nicht mehr im Besitz all seiner Sinne war, brauchte er einen Verbündeten, der klar denken konnte; und Franz war bei weitem der klügste der Brüder, auch wenn seine Ansichten zeitweise die Prinzipien des Ordens an die zweite Stelle schoben.

Er trat ein und entdeckte Franz, der mit Christa auf dem Schoß vor der großen Feuerstelle saß. Beide waren ganz damit beschäftigt, einige alte Schriften durchzugehen, die Franz mit beiden Händen hochhielt. Sie hatten ihn nicht eintreten hören und ihr Blickfeld war von dem dicken, gelblich weißen Pergament eingeschränkt. William räusperte sich, worauf Franz sofort seine Arme sinken ließ. Zwei Paar Augen schauten den Abt überrascht an.

»Abt William! Das ist eine seltene Ehre hier unten in der Küche.« Franz stellte Christa auf den Boden und erhob sich lächelnd. »Ich habe gehört, der Bauer Rupert hat dem Kloster einen Besuch abgestattet?«

»Ja. Er war gerade eben bei mir. Und wir haben noch einen Besucher. Theodor von Gylstram wird hier bleiben, bis sein Pferd wieder weiterziehen kann. Uffe führt es gerade in den Stall!«

Franz sperrte den Mund auf. Das hatte er nicht erwartet. Aber der Anblick von Williams ernsthaftem, entschlossenem Gesicht ließ ihn keine Fragen stellen.

William fuhr fort: »Bruder Franz, ich möchte mit dir reden. Sei doch so gut und komme mit mir nach oben.«

Franz nickte und Christa schaute fragend von einem Mann zum anderen.

»Christa, es ist an der Zeit, hochzugehen zur Schreiblektion bei Martin«, sagte William zu ihr. »Er ist gerade dabei, letzte Hand an unser *Buch der Briefe* zu legen. Sag ihm, er soll dir daraus vorlesen, bevor du mit der Tageslektion beginnst. Eskil ist auf dem Weg hierher und es wird gut für dich sein, zu hören, was er im Laufe der Zeit geschrieben hat. Du kennst ihn ja noch nicht, aber du wirst ihn schon bald kennen lernen!«

Christa nickte. Schon oft hatte sie von Erzbischof Eskil gehört und sie wusste auch, dass das *Buch der Briefe* des Klosters Esrom, *Codex Esromensis,* Abschriften der Briefe des Ordensgründers Bernhard und auch von Eskil von Lund enthielt. Und sie wusste außerdem, dass etwas nicht in Ordnung war, wenn William so unerwartet in der Küche auftauchte, um ein privates Gespräch mit Franz zu erbitten. Gehorsam lief sie davon. Das war nicht der richtige Zeitpunkt, die eigene Neugier zufrieden zu stellen.

William und Franz gingen mit Bedacht an Sigurds Zelle vorbei. Täglich beklagte William die schwache Gesundheit seines alten Vertrauten und fühlte das starke Bedürfnis, trotz allem Sigurds geistige Unterstützung in dieser schwierigen Situation einzuholen. Der Abt klopfte vorsichtig an die Zellentür, bevor er sie öffnete. Franz war William still gefolgt und stand jetzt respektvoll da und wartete darauf, herangewinkt zu werden. William blieb in der Tür stehen und trotz der faltenreichen Kutte konnte Franz sehen, wie die Schultern des Abts beim Anblick des alten, kranken Mannes im Bett etwas herabsanken. Dann richtete er sich wieder auf und trat ganz hinein. Franz folgte ihm leise, nachdem William ihm das Signal dafür gegeben hatte.

Gemeinsam zitierten sie eine von Sigurds bevorzugten Bibelstellen, woraufhin Franz die Kissen richtete und dem verkrampften alten Mann half, sich bequemer zu betten. Als er fertig war, sah William ihn an und sagte:

»Lass uns jetzt gehen, Franz. Wir müssen über die Zukunft

des Hauses reden. Rus ist zurückgekommen und wir haben vieles, was wir verteidigen müssen. Eskil wird sich bald uns anschließen, aber wir müssen unsere Pläne fertig haben, bevor er kommt!«

Sie gingen in Williams Studierstube, wo Franz in die Sorge des Abts um die Schwachen im Kloster eingeweiht wurde, von dessem festen Willen erfuhr, seine Brüder zu beschützen und das zu überleben, was da auf sie zukam. Franz' private Sorgen und fachlicher Ehrgeiz hinsichtlich seiner eigenen und Christas Weiterentwicklung bekamen eine neue Perspektive, als er das schwarze Brot im Schrank sah. Alle Vorbehalte verschwanden und ein neuer Kampfwille entwickelte sich in ihm. Christa sollte gestärkt werden und er wollte ihr nichts von seinem Wissen vorenthalten. Gott würde denen helfen, die sich selbst zu helfen wussten – und ohne Wissen konnte niemand aus eigener Kraft stark werden.

4. Der Fall

Der alte Eskil seufzt. Herbert sitzt still und abwartend da und nickt ihm mit einem kleinen, aufmunternden Lächeln zu. Sie sind weit gekommen, aber noch gibt es einiges zu erzählen, bevor sie ans Ende ihres Wegs gelangen. Bisher hat Herbert die frühen, dunklen Morgenstunden dazu benutzt, aufzuschreiben, was er am Abend zuvor gehört hatte, aber bis jetzt hat er noch nichts ins *Liber Miraculorum* übertragen. Das Buch der Geheimnisse sollte den vollständigen, nachgedichteten Bericht enthalten, und er konnte erst mit dem Schreiben beginnen, nachdem Eskil seinen Teil der Arbeit abgeschlossen hatte, sodass keine weiteren Einfügungen oder Änderungen mehr nötig sein würden. Eskil räuspert sich und erlebt noch einmal seine Ankunft in Esrom, als die Stimmung im Kloster von Verwirrung und angespannter Unruhe geprägt ist, als die Geschehnisse fremde Menschen und fremde Kräfte hinter die bisher so sicheren Mauern des Klosters geführt haben.

Eskils Gefolge füllte den Hof des Klosters mit einem Gewimmel von Pferden, hoch beladenen Wagen und emsigen

Dienern, die ausspannten, abluden und dem Bischof aus dem engen, überdachten Wagen halfen. Er trat in die Nachmittagssonne und blieb einen Augenblick lang wie eine blendende, farbenprächtige Statue zwischen den hellen Kutten der versammelten Mönche stehen. Dann wandte er seinen Blick William zu, der im Klosterhof bereitstand, seit er Bescheid bekommen hatte, dass das Gefolge hinter den Hügeln zu sehen war. Martin und Franz flankierten ihren Abt, und Christa stand in ihrem frisch gewaschenen, schneeweißen Kleid dicht hinter ihnen. Die übrigen Brüder, die nicht damit beschäftigt waren, dem Gefolge zur Hand zu gehen, standen abwartend ganz hinten auf dem Hof, wo sie die hektischen Aktivitäten nicht störten.

Eskil ließ sich vom Abt William willkommen heißen und sah sofort, dass er einem sehr besorgten Mann gegenüberstand. Williams stahlgraue Tonsur war seit seinem letzten Besuch in Esrom fast weiß geworden, die Furchen auf seiner Stirn und um die Augen waren tiefer und vor allem sein Blick zeigte deutlich große innere Anspannung. Eskil erkannte, dass er keinen Tag zu früh gekommen war. Es stand wirklich schlecht um William, denn er war nicht ein Mensch, der sich durch Sorgen niederdrücken ließ, ganz im Gegenteil, er war ja gerade zum Abt gewählt worden, weil er es verstand, schwierige Situationen mit Leichtigkeit und Eleganz zu meistern. Diesmal jedoch nicht. William war ernsthaft bedrückt von schwerwiegenden Problemen, und Eskil spürte zum ersten Mal den Hauch von etwas, das bisher hier im Kloster Esrom unbekannt gewesen war – den Hauch einer nicht wieder gutzumachenden Unglücksstimmung, von der er bisher immer geschworen hätte, dass sie niemals ihren Weg in dieses Kloster finden würde, in dem William von Beginn an den Brüdern ein Leben in Sicherheit und Frieden garantiert hatte. Er selbst hatte doch alles in seiner Macht Stehende getan, um den Mönchen einen sicheren Geldfluss von den starken Geschlechtern Seelands zu sichern, während William für gute Beziehungen zu den umliegenden Gemeinden gesorgt hatte. William hatte wie ein lokaler Botschafter des Ordens gewirkt und die Brüder waren schnell von den Bewohnern rundum akzeptiert worden.

Doch wie sehr hatte er sich seit dem letzten Besuch verändert.

Eskil erwiderte Williams Gruß und wandte sich Franz zu, den er gut kannte, noch aus der Zeit, bevor der Heilkundige nach Esrom gekommen war. Eskil hatte Franz in Cîteaux kennen gelernt, und der gute Ruf des Mönchs war dem Bischof überall, wo er in Europa herumgekommen war, immer wieder zu Ohren gekommen. Franz sah genauso bedrückt aus wie William. Eskil stutzte und wandte sich mit einem fragenden Blick wieder William zu. Der Abt seufzte und beschloss, direkt zur Sache zu kommen. Der Bischof sollte über den Ort, zu dem er gereist war, nicht im Ungewissen gelassen werden. Er lud ohne Umschweife Eskil ein, ihm in seine Studierstube zu folgen, in der ja alle wichtigen

Treffen stattfanden. Franz blieb zurück und nahm Christa an die Hand. Da erst sah Eskil sie und blieb stehen, wobei er William ein Zeichen gab, dass dieser einen Augenblick warten sollte.

»Christa?«

Franz beeilte sich, für sie zu antworten, denn er spürte, wie sich ihre Hand vor Verlegenheit über die plötzliche Aufmerksamkeit des Bischofs um seine klammerte.

»Ja, Christa wollte unbedingt heute bei dem Willkommensgruß dabei sein. Sie ist jetzt schon eine ganze Zeit meine Schülerin und wir sind alle sehr zufrieden mit ihren Fortschritten – auf allen Gebieten. Sie arbeitet zu den gleichen Bedingungen wie die Brüder, und wenn sie ihren Beruf erst einmal vollkommen beherrscht, wird sie beweisen, dass unser Unterricht nicht umsonst war.«

Franz schob Christa vor, sodass Eskil sie näher in Augenschein nehmen konnte. Sie schaute auf und erwiderte Eskils Blick, ohne die Augen niederzuschlagen. Sie hatte genug im *Buch der Briefe* gelesen, um zu wissen, dass Bischof Eskil der eigentliche Gründer des Klosters war und dass seine guten Beziehungen zum Zisterzienserorden aus einer Freundschaft zwischen ihm und Bernhard von Clairvaux resultierte. Christa hatte nie andere Mönche als die Zisterzienserbrüder kennen gelernt und sie konnte sich nicht daran erinnern, Eskil schon einmal gesehen zu haben, auch wenn Franz ihr erzählt hatte, dass der Erzbischof sie schon einmal besucht hatte, als sie noch ein Säugling war.

Eskil legte ihr die Hand auf den Kopf und sagte:

»Christa, wir beide werden uns schon noch kennen lernen, bevor ich wieder abreise. Diesmal ist dafür genügend Zeit, denn ich habe das Gefühl, als würde William meinen Besuch für eine ganze Weile begrüßen. In Lund erwartet man mich erst in einem Monat und die Reise dorthin ist ja nicht weit.«

Christa nickte ernsthaft. Sie wollte den Bischof gern kennen lernen. Er war in seiner bunten, glänzenden Pracht herrlich anzusehen und bot einen grellen Gegensatz zu den bescheidenen Brüdern, die neben diesem Mann wie eine Schar Schneeammern wirkten.

Eskil nickte Franz zu und legte seine Hand auf Williams Arm als Zeichen, dass sie jetzt weitergehen konnten.

Als William hinter ihnen die Tür zur Studierstube geschlossen hatte, verschwand Eskils freundliches Lächeln wie Tau an der Sonne. Er setzte sich auf den Stuhl, den William hervorgezogen hatte, und sah den Abt streng an.

»Was ist los im Kloster, William? Ich spüre eine Unruhe, Sorgen und eine schleichende Gefahr um mich.« Eskil legte sich eine Hand aufs Herz. »Ich kann die Kälte hier drinnen spüren! Erkläre mir, woran das liegt!«

William nickte und ging stumm zu dem kleinen Wandschrank. Er drehte den Schlüssel um und wandte sich wieder Eskil zu, bevor er die Tür öffnete.

»Mache dich darauf gefasst, das Werk des Teufels zu sehen! Das hier ist vor einer Woche geschehen und die Begleitumstände werde ich dir anschließend erzählen!«

Er öffnete die Tür und augenblicklich verbreitete sich ein widerlicher Gestank im Zimmer. Eskil saß zunächst ganz still da, mit zusammengekniffenen Augen, als traute er seinen eigenen Sinnen nicht. Dann erhob er sich und näherte sich langsam dem Schränkchen, in dem ein schwarzer, unförmiger Klumpen auf dem mittleren Regal lag. Er schaute von dem Regal zu William und zurück zum Schrank.

»Sag mal, ist es das, was ich glaube?«

»Ja!«

»Welch ein Fluch und Spott!«

William nickte und setzte sich müde hin. Eskil blieb stehen und versuchte sich zu beherrschen. Wut stieg in ihm auf, aber es hatte keinen Sinn, die Fassung zu verlieren. Er setzte sich auch wieder und sah William abwartend an.

»Erzähle!«

William faltete die Hände vor seinem Bauch und begann langsam seinen Bericht:

»Das Kloster ist keine Festung, die unberührt von der Welt um uns daliegt. Ein Teil unserer Arbeit besteht darin, den Menschen, die um Herberge bitten, die Tür zu öffnen. Wir machen da keinen Unterschied, alle können hereinkommen, denn es ist nicht unsere Aufgabe zu richten. Wir sind Gutem und Bösem ebenso ausgesetzt wie alle anderen außerhalb der Mauern, aber hier drinnen können wir uns bemühen, die Guten zu fördern und die Bösen zu vertreiben, wenn sie sich zu erkennen geben. Das ist unsere Aufgabe.

Christa ist ein Beispiel für das Gute, das unsere kleine

Bruderschaft bereichert; du hast sie selbst gesehen und wirst noch die Zeit haben, dir deine eigene Meinung über sie zu bilden. Ich wünschte, ich könnte näher auf ihre Entwicklung in den letzten Jahren eingehen, aber wir müssen uns in diesem Haus leider sehr viel düstereren Perspektiven zuwenden: Vor wenigen Wochen empfing ich einen Besucher, der mich sehr beunruhigt hat. Ein Bauer, der in unserer Nähe wohnt, kam in einer unbedeutenden Angelegenheit, aber seine bloße Anwesenheit ließ das Blut in meinen Adern erstarren. Der Mann kommt bereits seit Jahren zu uns, er hat uns Unmengen von Geschenken zukommen lassen, die jedoch niemand wünschte, und er hat Verstörung und Unruhe mit sich gebracht. Aber niemand hat bisher Anklage gegen diesen Mann erhoben. Niemand war in der Lage, einen Finger auf sein Betragen zu legen, obwohl er von allen meinen Brüdern einhellig verabscheut wird.«

William seufzte und rieb sich die Hände. Eskil saß unbeweglich auf seinem Stuhl und wartete auf die Fortsetzung. Die beiden Männer bemerkten die Sonne nicht, die jetzt so tief am Himmel stand, dass ihre Strahlen die Wand und den Bilderfries trafen, ja sogar das kleine Schränkchen, dessen Tür noch offen stand, bekam seinen Teil der rotgoldenen Strahlen ab. Die unförmige Masse, die einmal Bernhards Brot gewesen war, schien zu glimmen, als wäre sie aus kristallisierter Kohle.

»Als er kam, um mit mir zu sprechen, wusste ich sofort, als ich ihn sah, dass hinter seiner Anwesenheit hier eine verborgene Absicht steckte. Er hat die Rolle des Selbstgerechten gewählt und wollte sich über das Treiben des Reliquienhändlers Theodor von Gylstram beschweren: Er sprach von dem sündhaften Handel mit falschen Reliquien und hinter seinem Gerede, das ich natürlich verwarf, lag ein bösartiger Hinweis, dass unser Wunder ebenso falsch wäre wie das christliche Narrengold des von Gylstram. Er sprach von einem Brot . . .«

Die Empörung überwältigte William, sodass er einen Augenblick warten musste, bevor er weitersprechen konnte. Wütend blickte er auf seine fest gefalteten Hände, deren Knöchel ganz weiß geworden waren. Dann hob er das Gesicht und beendete seinen Bericht:

»Ruperts Absicht war es ausschließlich, uns wegen unseres Glaubens an die Wahrheit des Wunders zu verhöhnen! Er kam, um unser Fundament zu beschmutzen, und die Anwesenheit seiner widerwärtigen Gestalt ließ Bernhards Geist aus dem Kloster verschwinden. Unser Haus muss gereinigt werden, bevor wir von hier aus unsere Überzeugung wieder verkünden können!«

Eskil nickte zustimmend. Er warf einen viel sagenden Blick auf Martins Bilder und sagte:

»Aber diesmal müssen wir unerschütterlich bleiben und nicht lockerlassen, bis wir vollkommen sicher sind, dass wir gesiegt haben. Du verstehst doch, was ich meine, William?«

»Ja, ich verstehe, dass sich das Fiasko eines anderen Ordens nicht noch einmal wiederholen darf! Aber es gibt noch etwas, das ich erzählen muss. Im Augenblick beherbergen wir Theodor von Gylstram. Sein Pferd kam zu Schaden, als er vorbeikam, deshalb haben wir ihm Unterkunft und einen Stallplatz gegeben, bis er wieder weiter in den Süden reisen kann. Soviel ich verstanden habe, ist sein ganzes Nippeslager verkauft. Er muss für die nächste Verkaufsreise erst neue Ware holen, dieser Gauner! Aber dennoch konnte ich ihn nicht abweisen, das hieße, den Prüfungen, die Gott mir gesandt hat, auszuweichen und sich ihnen nicht zu stellen.«

Er seufzte und fügte nachdenklich hinzu: »Ich habe bisher nicht das Gefühl, dass er Grund für irgendwelche Probleme gibt. Er schläft in der Küche bei der Feuerstelle. Niemand hat sich über ihn beklagt, ganz im Gegenteil, es scheint, als komme er ausgesprochen gut mit den Brüdern aus, die dort unten ihre Arbeit verrichten.«

»Ja, ja, der Teufel hat viele Gesichter«, warf Eskil skeptisch ein. »Aber jetzt, wo ich über die Probleme informiert bin, die sich unter deinem Dach angesammelt haben, werde ich die Situation sorgfältig einige Tage lang durchdenken. Ich hoffe, du hast eine gute, abseits gelegene Zelle für mich bereit – ich brauche vollkommene Stille beim Beten!«

William nickte. »Ich stelle dir meine Zelle zur Verfügung. Dort hast du Ruhe und Platz.«

Unten in der Küche saß der Reliquienhändler und suchte in seinen Taschen nach einigen Armbändern, die aus Haarsträhnen gemacht waren. Sie waren einfach und billig herzustellen – und niemand konnte ihn verdächtigen, dafür sein eigenes Haar zu verwenden! Sie fanden in allen skandinavischen Ländern reißenden Absatz, wenn man dafür sorgte, dass die Käufer davon überzeugt waren, dass das Material von den heiligsten der für die Kirche gestorbenen Männer stammte. Theodor von Gylstram war ein erfinderischer Mann und diese Ware hatte ihm oft geholfen, weitaus teurere Reliquien von seinem Wagen zu verkaufen. Wenn die Leute erst mal einen kleinen Schilling für so ein Armband ausgegeben hatten, wurden sie in der Regel immer eifriger; am folgenden Tag kamen sie hinter seinem Wagen hergelaufen, wenn sie sahen, dass er ihre Gegend verlassen wollte. Dann mussten sie die Attraktionen des Vortags plötzlich ganz dringend besitzen – schließlich war das Armband so billig gewesen – und hatte es nicht bereits einen günstigen Einfluss auf ihre Schlafstörungen, ihre Verstopfung oder das Schnarchen des Ehemanns gehabt?

Jetzt hatte er Christa versprochen, dass sie zwei bekäme – wobei er bisher vermieden hatte, einen Heiligennamen mit ihnen zu verbinden. In den vergangenen Tagen hatten die beiden ein ausgezeichnetes Verhältnis zueinander entwickelt. Christa war seinem Lebensstil gegenüber nicht kritisch, vielmehr war sie äußerst interessiert an seinen Reisen und fragte, was es in all den Ländern, die er besucht hatte, zu sehen gab. Und sie hatte voller Neugier seine zusammengestückelte bunte Kleidung mit den vielen Falten und verborgenen Taschen untersucht, er hatte so viele Taschen hineingenäht, dass er leicht die Hälfte seines Warenlagers mit sich herumtragen konnte, falls das notwendig sein sollte – was sich jetzt, wo er im Kloster gelandet war, als äußerst praktisch erwies.

William hatte strenge Order gegeben, dass der Wagen des Reliquienhändlers zugedeckt hinter dem Stall stehen bleiben sollte und dass ihn niemand berühren durfte, solange er sich innerhalb der Klostermauern befand. Deshalb hatte Theodor sich die Taschen gefüllt, bevor er in die Küche einzog und sich mit den Mönchen dort drinnen bekannt machte. Vielleicht gab es ja den einen oder anderen kauflustigen Bruder unter ihnen.

Er fand die Armbänder und gab sie Christa, die gespannt gewartet und aufmerksam die Suche in den vielen Taschen verfolgt hatte. Vorsichtig befühlte sie die zarten Schmuckstücke und fragte, woher das Haar stamme. Der Reliquienhändler konnte natürlich nicht zugeben, dass es sich bei den Lieferanten um zufällige Frauenbekanntschaften entlang den Landstraßen handelte, und da er nicht so dick mit Heiligennamen und derartigen Geschichten auftragen durfte, begnügte er sich damit, zu behaupten, die Armbänder seien eine Spezialität aus dem Süden.

»Aus dem Süden?«, fragte Christa. »Wie weit südlich bist du gewesen?« Franz hatte einmal eine Karte mit seinen eigenen Reiserouten gezeichnet und durch sie hatte Christa ungefähr eine Vorstellung davon, wie ein Teil der Welt wohl aussah.

»Ich war so weit im Süden, wie das Festland reicht. Ich war so weit im Osten, dass ich dort, wo ich hinkam, als Wilder angesehen wurde. Ich habe Wüsten durchquert und war sogar in Jerusalem!«

Letzteres war nicht ganz wahr, aber er hatte Reisende von dort getroffen und deren Beschreibungen der Heiligen Stätten gelauscht.

»Dann musst du viel wissen . . .«, meinte Christa und fuhr fort: »Hast du von dem alten Wundermittel gehört, das Theriak heißt?«

»Theriak? Doch, ja, ich weiß, wovon du redest.«

Theodor von Gylstram kratzte sich am Bart und begann zufrieden mit seiner Fistelstimme zu glucksen.

Christa runzelte die Stirn, sein Verhalten machte sie unsicher und leicht wütend. Sie hatte nach etwas gefragt, das eine große Rolle in ihren Träumen spielte, in denen sie Wunder bewirken wollte – oder zumindest etwas ebenso Gutes: in Leben und Tod eingreifen. Das Schicksal ändern, wenn es ungerecht war.

»Theriak . . . Theriak, ak, ak!«, gluckste von Gylstram. Aber dann entdeckte er, dass Christa an seinem Spaß nicht teilnahm. Sie starrte ihn aus ihren durchsichtigen, glasartigen Augen an. Ihr Blick bereitete ihm Unbehagen, darum räusperte er sich:

»Ja, siehst du, Christa, es gibt viele Legenden und ebenso viele Rezepte für Theriak, aber ich will dir meine Meinung sagen: Theriak kann nur der Name für meine gesamten Waren sein – die sind genau auf die gleiche Weise wirksam wie alle diese Teufelsgetränke, die man Theriak nennt. Wenn man nicht auf der Stelle tot umfällt, wird es wohl geholfen haben – denn das bedeutet, dass man so stark ist, dass man es mit allem auf dieser Welt aufnehmen kann. Wenn die Leute meine Reliquien kaufen mit dem Ziel, das Böse zu bekämpfen, dann wird das Gleiche passieren: Wenn das Böse sie nicht umbringt, dann sind sie stark genug, ein langes Leben zu leben. Dann haben sie ihren blinden Glauben darein, dass diese Dinge Gottes Gnade ersetzen können, überlebt.« Er lehnte sich an die Wand zurück und stieß ein Lachen aus, das wie das eines gackernden Huhns klang.

Christa hatte ihn nicht verstanden, sie hatte das unangenehme Gefühl, dass ihre Träume von dem dahingeworfenen Gerede des Reliquienhändlers zerstört wurden. Aber noch hatte sie die Hoffnung nicht aufgegeben – vielleicht musste sie nur die richtigen Fragen stellen, um die Anwort zu erhalten, die sie haben wollte:

»Deine Mogelei ist mir ganz gleich. Sage mir nur, ob du das *richtige* Theriak kennst – das Tote wieder zum Leben erwecken kann.«

Von Gylstram hickste und prustete nach seinem Lachanfall. Er sah Christa an und stellte fest, dass ihr diese Frage wirklich auf der Seele lag, und ihm fiel ein, dass sie ja als

Franz' Lehrling auch in der Küche zu tun hatte. Der Reliquienhändler war ein weit gereister Mann und er hatte genau wie Eskil eine Menge über Franz und sein Können gehört. Dann hatte also Franz ihr die Legende von der Wundermedizin Theriak erzählt.

»Warum fragst du nicht deinen Lehrmeister? Er weiß viel mehr über diese Dinge als ich.«

Christa schüttelte den Kopf und sagte: »Ich habe ihn schon gefragt und Franz hat mir erzählt, dass es lange her ist, seit man *richtiges* Theriak hergestellt hat, und dass seitdem das Rezept verschollen ist. Und er hat mir verboten, weiter davon zu reden. Aber ich habe gedacht, dass du vielleicht auf jemanden gestoßen bist, der noch die Zutaten kennt . . .«

Fast begann sie vor lauter Enttäuschung zu weinen. Vielleicht war das alles ja nur Lüge und Betrug.

Der Reliquienhändler wollte gerade jedes Gerede über Theriak als Unsinn abfertigen, besann sich dann aber eines Besseren: Warum sollte er nicht versuchen, das Mädchen zu trösten, wenn es für sie doch offensichtlich eine große Enttäuschung war, nur die traurige Wahrheit zu hören – und außerdem: Wer wusste schon, wie die Wahrheit um das mysteriöse Heilmittel aussah?

»Sicher, das Rezept ist verloren gegangen, aber warum sollte man nicht versuchen, das Theriak wieder neu zu erfinden. Und du, die du so viel über Heilkräuter gelernt hast, du musst doch wissen, dass man die Kräuter verwenden soll, die man selbst finden kann – es hat keinen Sinn, in Untätigkeit zu verfallen, nur weil man nicht die seltenen Pflanzen aus dem Osten kriegt, da man selbst hoch im Norden sitzt. Wollen wir versuchen, Theriak selbst herzustellen, Christa? Ich kann dir helfen, solange ich hier im Kloster bin – und wenn es uns bei den ersten hundert Malen nicht gelingt, dann vielleicht beim Versuch Nummer hunderteins!«

Er sah sie aufmunternd an, das eine Auge in verschwörerischer Weise zusammengekniffen. Es konnte jedenfalls nichts schaden, sie zu ermuntern, selbst für ihre Träume zu arbeiten . . . und schon gar nicht, wenn man selbst Nutzen draus ziehen könnte.

»*Wobei* willst du ihr helfen?«

Franz' strenge Stimme durchschnitt die Küche. Er kam gerade durch den Hintereingang der Küche herein, nachdem er draußen gewesen war und im Kräutergarten Unkraut gezupft hatte. Das ließ er von keinem anderen Bruder machen, weil dann das Risiko zu groß wäre, dass sie den Unterschied zwischen Unkraut und wertvollen Pflanzen nicht sähen.

Theodor von Gylstram setzte ein unschuldiges Gesicht der Überraschung auf. Er wusste, dass Franz seinen Schützling bewachte und ihm Christas Freundschaft mit dem erbärmlichen Reliquienhändler nicht gefiel.

»Ach, nichts Besonderes, Franz. Ich habe nur gesagt, dass ich ihr vielleicht bei der groben Arbeit hier in der Küche helfen könnte. Solange mein Pferd im Stall steht, habe ich ja kaum was, worum ich mich kümmern muss.«

Franz grunzte mürrisch. Dann sagte er: »Wenn du dich nützlich machen willst, Theodor, dann würde ich vorschlagen, du gehst hinaus und hilfst, die Hühner zu rupfen, die im Wirtschaftsraum liegen.«

Theodor erhob sich seufzend. Es hatte keinen Sinn, sich mit Franz anzulegen. Er zwinkerte Christa zu und verschwand, um sich nützlich zu machen.

Franz wandte sich Christa zu. Er sah sie einen Augenblick lang stumm an, bat sie dann ihm zu folgen. William hatte am frühen Morgen gebeten, Christa nach der Mittagsmesse in seine Studierstube zu bringen. Eskil wollte gern mit ihr sprechen und William hoffte, dass Christa vielleicht die gedrückte Stimmung etwas aufheitern konnte. Sie gingen also gemeinsam zu Williams Arbeitsraum, wo die beiden ehrwürdigen Männer bereits mit ernsten Mienen warteten. Was William nicht wusste: Eskil hatte sich heimlich einige Gedanken über Esroms Adoptivkind gemacht. Er kannte ihre Geschichte und hatte darüber bereits vor einigen Jahren mit den Gelehrten in Clairvaux gesprochen. Die waren sich alle einig darüber gewesen, dass Franz sie nicht zufällig hatte finden können. Nicht, dass sie Franz verdächtigten, ihr Vater zu sein oder etwas in dieser Richtung. Das ganz und gar nicht. Man wusste, dass sie Franz unter unbekannten Umständen in die Scheune gebracht worden war, aber niemand zweifelte daran, dass ihr Auftauchen einer höheren

Macht als der eines Menschen zu verdanken war. Christa hatte eine Rolle zu erfüllen wie alle anderen Menschen auf der Welt, aber ihre Rolle überstieg vielleicht die Vorstellungskraft der gewöhnlichen Sterblichen. Deshalb wollte Eskil jetzt Christa sehen. Sie war inzwischen alt genug, sodass er sich mit ihr unterhalten konnte, und jetzt wollte er näher mit ihr vertraut werden. Außerdem wollte er sich Klarheit über ihren Charakter verschaffen, jetzt, wo dunkle Wolken über den Dächern des Klosters sich zusammenzubrauen schienen.

Franz klopfte an die Tür und sofort wurde diese von William geöffnet. Eskil stand mit dem Rücken zu ihnen und betrachtete Martins Fries. Er drehte sich um, als die beiden eintraten, und bevor jemand etwas sagen konnte, lief Christa zu dem Erzbischof. Eifrig begann sie ihm zu erklären, was die Bilder erzählten.

»Und wenn ich hier gewesen wäre«, schloss sie ihre Beschreibung, »dann hätte ich ihm einen großen Becher Schierlingssaft gegeben. Dann wären wir ihn los gewesen und Jens hätte nicht sterben müssen!«

Eskil runzelte die Stirn und sah von William zu Franz.

»Was soll das heißen«, rief er scharf aus, »woher kann dieses Kind von dem todbringenden Gift wissen? Schierlingssaft ist doch tödlich, oder, Franz?«

Franz senkte unsicher für einen Moment seinen Blick. Er hatte William nicht vollständig erzählt, was er jetzt mit Christa durchnahm, und das fiel umsomehr auf ihn zurück.

Es war nicht einfach, seine guten Absichten zu erklären, wenn so plötzlich herauskam, dass die Giftlehre einen Teil seines Unterrichts ausmachte. Doch er fand seine Fassung wieder und erklärte in aller Ruhe die Gründe, die ihn dazu bewogen hatten, ein so gefährliches Wissen zu vermitteln. Eskils Gesichtszüge wurden immer härter, aber er sagte nichts. Stattdessen ließ er seinen Blick auf Christa ruhen, die durch eifriges Nicken Franz' Worten zustimmte. Sie verstand nicht alles, was er sagte, war sich aber klar darüber, dass ihr weiterer Unterricht von Eskils Wohlwollen abhing. William hatte ihr ja schon vor langer Zeit erklärt, dass der Orden in Esrom nicht von der großen Zisterziensergemeinschaft unabhängig war, die sich über die ganze bekannte Welt verbreitete. Und über der Zisterziensergemeinschaft standen die uneingeschränkten Oberen der Christenheit – Eskil, der Erzbischof von Lund, war einer von ihnen. Außerdem wusste sie, dass es ihre Aufgabe war, in die Lehre zu gehen, damit sie sich nützlich machte, indem sie Gott zu Ehren arbeitete, genau wie es auch die anderen Brüder taten. Alle Handwerker, Schreiber, Küchenarbeiter und Stallburschen verrichteten ihre tägliche Arbeit in dem Bewusstsein, dass sie für ihre tägliche Mühe die ewige Anerkennung ernten würden. Und dieser Anerkennung wollte sie sich auch verdient machen.

Als Eskil von Franz dessen Argumente gehört hatte, nickte er, doch sein Gesicht blieb weiterhin verschlossen und ernst. Dann ging er zu dem kleinen Fenster und blieb dort einen

Augenblick mit dem Rücken zum Raum stehen. William sagte nichts. Franz' Entscheidungen standen unter seiner Verantwortung und im Augenblick konnte er nichts zu seiner Verteidigung vorbringen. Außerdem hatte der Besuch sich ganz anders entwickelt, als er sich das gedacht hatte. Und er war wie gelähmt, als Christa im nächsten Moment das Wort ergriff und das Gespräch in eine ganz unerwartete Richtung lenkte. Sie ging zu Eskil und zupfte ihn am Ärmel, wobei sie entschlossen zu ihm aufsah. Der Erzbischof sah überrascht zu ihr hinab und starrte sie mit offenem Mund an, als sie mit ernster, belehrender Stimme begann:

»Ich selbst habe darum gebeten, an Franz' Wissen teilhaben zu dürfen, denn ich weiß genau, dass man nur in der Lage ist, etwas Nützliches zu tun, wenn man etwas gelernt hat. Franz hat dir ja gerade erklärt, dass Heilkräuter zum Guten und zum Schlechten benutzt werden können. Wenn man aber nicht die guten ebenso wie die schlechten Seiten kennt, dann weiß man eigentlich gar nichts. Und ich will alles lernen, weil ich dann vielleicht Theriak herstellen und alle Krankheiten heilen kann!«

Sie hielt Eskils Ärmel immer noch fest zwischen ihren Fingern und in der auf ihre Worte folgenden Stille waren ihre heftigen Atemzüge zu hören. Plötzlich bekam sie Angst, Eskil könnte wütend werden, weil sie ihm ihre Meinung auf diese Art gesagt hatte.

Aber auf dem Gesicht des Erzbischofs zeigte sich ein Lächeln. Er seufzte tief und breitete die Arme aus:

»Das sind Argumente, denen ich nicht widersprechen kann. Zumindest nicht aus dem Stand. Ich glaube, ich werde Christa bitten, mich bei einem kleinen Spaziergang über die Ländereien des Klosters zu begleiten. Ich möchte ein so abgeklärtes Mitglied des Ordens besser kennen lernen.«

Er nahm Christa bei der Hand und die beiden verschwanden durch die Tür, während die Zurückbleibenden ihnen stumm und verblüfft nachsahen. William schüttelte den Kopf, schloss dann aber die Tür hinter den beiden. Dann wandte er sich Franz zu und sagte: »Jetzt muss dein Lehrling für sich selbst sprechen. Eskil hat schon lange gewünscht, sie näher kennen zu lernen, und jetzt hat er endlich die Gelegenheit. Er hat uns immer Recht darin gegeben, dass Christas unerklärliches Auftauchen eine Bedeutung haben muss, über die wir nur rätseln können. Lass uns zur Kapelle gehen und dort auf sie warten. Sie sind sicher zur Sext zurück.«

»Als ich zum ersten Mal von dir gehört habe, warst du noch ganz klein, ein elternloser Säugling. Du hast sicher die Geschichte gehört, wie Franz dich gefunden hat?«

Eskil und Christa gingen an der Flurgrenze entlang, die bis zum Waldrand führte. Eskil versuchte so entspannt und alltäglich wie möglich zu reden. Er, der es gewohnt war, mit den gelehrtesten Männern Europas zu debattieren, musste nach Worten suchen, um das kleine Mädchen nicht von sich zu stoßen. Natürlich war sie es gewohnt, die lateinische Sprache und verschiedene nordeuropäische Dialekte zu hören, aber würde sie ihm die Antworten geben, die er sich erhoffte, wenn er das Gespräch in seiner schwedischen Muttersprache führte? Würde sie ihn als ihren Vertrauten ansehen oder sich von seiner mächtigen Position einschüchtern lassen? Doch Christa zeigte keinerlei Beklemmung und sie suchte sogar die Hand ihres Begleiters, als sie an den Gräbern hinter dem Klostergebäude vorbeikamen.

»Franz und William haben mir schon oft von dir erzählt. Als ich kleiner war, habe ich immer darauf gewartet, dass du hinter den Hügeln auftauchen würdest, auch wenn sie mir sagten, dass du noch lange Zeit im Ausland wärst.«

Christa gefielen die Fragen nach ihrer Herkunft nicht. Sie hatte die Brüder immer als ihre Familie betrachtet, wobei Franz ihr am nächsten stand. Aber trotzdem war die Frage, woher sie eigentlich kam, die ganze Zeit tief in ihr verborgen gewesen. Franz, der sonst nie Angst hatte, ihr alle Zusammenhänge zu erklären, die die Welt aufrecht hielten, hatte sich dieser Frage gegenüber überraschend zurückhaltend gezeigt. Und sogar William schwieg dazu. Wie oft hatte sie bei ihm gesessen und gelernt, während die Frage ihr im Hals stecken blieb. Es hatte Momente gegeben, wo sie gern darüber gesprochen hätte, aber irgendetwas hatte sie zurückgehalten. Sie war sich nicht sicher gewesen, ob sie wirklich die Antwort hatte hören wollen, denn hier bei den Zisterziensern war sie sicher. Das Kloster war in ihrer frühen Kindheit eine Welt für sich gewesen und später war es zum Zentrum der Welt geworden, und sie freute sich immer, ins Kloster zurückzukommen, wenn sie mit Franz oder einem der anderen Brüder auf Expedition in der Umgebung gewesen war. Das Haus selbst bedeutete für sie zusammen mit seinen Bewohnern einen festen Halt. Nicht Gott, sondern das Kloster Esrom und die Brüder, die dort arbeiteten und sich abmühten. Das waren Gedanken, die sie niemandem anvertraute; Gott und Rus waren Kräfte, die alles um sie herum durchströmten, die jedoch abstrakte Bedrohung und Möglichkeiten blieben, zwischen denen sie konstant kreuzte. Aber das Abstrakte war dennoch so konkret, dass sie ihre Handlungen immer mit Bedacht ausführte, da das Bewusstsein, dass es diese beiden Extreme gab, ihre Bewegungsfreiheit begrenzte.

Und jetzt wollte der mächtige Eskil mit ihr über ihre Herkunft sprechen.

Doch Eskil ließ sich nicht von Christas Verstummen aufhalten. Bereits seit Jahren hatte er sich Gedanken über sie gemacht und jetzt wollte er ihre innersten Gedanken hervorzwingen. Natürlich hatte sie über ihre Herkunft nachgedacht. Wenn sie die Geschichte über ihr eigenes plötzliches Auftauchen kannte, dann musste sie sich auch Fragen gestellt haben über das, was diesem Auftauchen vorausgegangen war. Eskil war sich seiner harten Vorgehensweise wohl bewusst, aber es standen wichtige Dinge auf dem Spiel.

»Vielleicht hast du ja Träume gehabt, die dir erzählt haben, was geschah, bevor Franz dich gefunden hat?«

Sie waren stehen geblieben und Christa drehte sich zur Seite, sodass Eskil ihr Gesicht nicht sehen konnte. Sie hatte Tränen in den Augen, kämpfte aber darum, die Fassung wiederzuerlangen. Eskils bohrende Frage hatte sie tief getroffen, ohne dass sie recht wusste, warum: Er sprach ruhig und freundlich mit ihr, aber wenn er von der Vergangenheit sprach, dann weckten seine Worte nur vage Visionen für die Zukunft. Sie hatte keine Ahnung, wie oder woher sie gekommen war, dafür wuchs jedoch in ihr ein unbestimmtes, nicht in Worte zu fassendes Gefühl von etwas Unbekanntem, das sie irgendwo erwartete, wenn alle praktischen Ziele, die sie sich gesetzt hatte, erreicht wären. Dadurch fühlte sie sich klein und schwach. Was den Trotz in ihr aufsteigen ließ!

»Ich habe über das, wonach du mich fragst, nie nachgedacht! Ich gehöre *hierher*, und hier werde ich bleiben, bis ich groß bin und die Heilkunde ebenso gut beherrsche wie Franz. Vielleicht sogar noch besser!«

»Warum wirst du so eifrig, mein Kind?«

Eskil sah, dass er mit seiner Frage ins Schwarze getroffen hatte. Die ganze Zeit war es sein Ziel gewesen, das Mädchen so weit zu provozieren, dass sie wirklich frei mit ihm sprach. Er hatte nur zu oft seine eigene Position als ein Hindernis in Gesprächen mit Menschen erlebt, mit denen er näher bekannt werden wollte.

Christa war nicht so erfahren wie erwachsene Menschen

und sie vergaß schneller ihre Bedenken. Bereits in Williams Studierstube hatte sie ganz offen mit Eskil gesprochen, aber seit sie unter vier Augen sprachen, bemerkte er, dass sie zurückhaltender wurde. Jetzt hatte er diese Barriere zur Seite geschoben. Wenn sie das war, was er glaubte, dann wäre sie sich selbst nicht darüber im Klaren, aber ihr Denken und ihre Handlungen würden ihr wahres Wesen zeigen. Jetzt konnte er dem Mysterium auf den Grund gehen. Dessen war er sich fast sicher.

»Warum willst du nicht die üblichen weiblichen Fähigkeiten erlernen? Das sind nützliche, gute Fähigkeiten, über deren Ergebnisse wir uns täglich freuen können.«

»Das kann ich doch schon alles. Diese Arbeiten teilen wir unter uns auf, um aber wirklich nützlich zu sein, muss man noch ein bisschen mehr können. Und außerdem gibt es da Rus, den wir fern halten müssen. Das gelingt uns nur, wenn wir ein Gegengift zu seinem Gift finden!«

»Was weißt du von Rus?«

»Er ist die ganze Zeit hier, auch wenn wir nicht immer etwas davon spüren. Hat William es dir nicht erzählt? Im Augenblick müssen wir uns besonders vor ihm in Acht nehmen, du hast doch selbst das schwarze Brot gesehen, oder?«

Christa schaute zu Eskil auf. Die springenden Fragen verwirrten sie. Aber Eskil lächelte ihr beruhigend zu. Sie hatte geantwortet, wie er es erwartet hatte; nicht wie ein unreifes Kind, sondern im Gegenteil wie ein Wesen, das von dem Drang getrieben wird, aktiv und praktisch gegen die Bedrohung, die die Welt ihm bot, zu handeln. Sie stand in krassem Gegensatz zu ihren Erziehern, den Brüdern, deren Handeln in erster Linie aus dem geistlichen Schutz vor dem Bösen bestand. Und genau das wollte er gern bestätigt haben. Ob Christa sich viele Gedanken über die Aufgabe gemacht hatte, die sie sich selbst gestellt hatte, das konnte Eskil nicht entscheiden, aber er war nunmehr davon überzeugt, dass im Laufe ihrer Jugend noch große Fortschritte zu erwarten waren. Jetzt war sie schließlich noch ein kleines Mädchen, wer konnte sagen, was sie auszurichten vermochte, wenn sie herangewachsen war?

Er legte seinen Arm um ihre Schultern und sie gingen langsam zurück zum Kloster.

An diesem Abend saß Christa neben Theodor an der Feuerstelle in der Küche. Franz stand im Wirtschaftsraum und polterte mit seinen Krügen, wobei er immer wieder besorgte Blicke über die Schulter warf. Christa saß schon eine ganze Weile neben Theodor und hörte seinen Geschichten von seinen vielen Reisen zu. Franz hätte sie gern nach dem Gespräch mit Eskil befragt, doch sein Respekt dem Erzbischof gegenüber hielt ihn zurück; Franz war überzeugt davon, dass Eskil seine Gründe hatte, mit Franz' Lehrling zu sprechen, und er hatte das Gefühl, dass Eskils Interesse sich in erster Linie auf das Mysterium von Christas plötzlichem Auftauchen als Säugling bezog. Darüber hatte er jedenfalls selbst oft spekuliert. Im Augenblick wollte er Christas gemütliches Beisammensein mit Theodor nicht stören, aber er freute sich bereits darauf, dass der Reliquienhändler bald fortgehen würde. Erst an diesem Nachmittag war Franz im Stall gewesen, um sich nach dem Zustand des Pferds zu erkundigen. Es sah so aus, als wäre es in wenigen Tagen gesund. Deshalb gab er sich zufrieden und verbot Christa nicht, mit Theodor von Gylstram zu sprechen. Denn trotz seines verwerflichen Broterwerbs schien er harmlos und freundlich zu sein.

Franz warf noch einmal einen Blick über die Schulter. Er konnte die beiden zwar direkt sehen, aber es war nicht zu hören, worüber sie sich unterhielten. Ihre Stimmen kamen nur als schwaches Summen bei ihm an und seine Arbeit mit dem Mörser machte einen Lärm, der alles übertönte, wie laut auch gesprochen worden wäre.

». . . aber ich glaube nicht, dass wir noch länger warten dürfen«, flüsterte Theodor Christa zu. »Ich werde in wenigen Tagen abreisen. Vielleicht kann ich meinen Abschied noch um eine Woche hinauszögern, aber dann muss ich weiter. Wäre es nicht schön, wenn wir bis dahin eine richtig gute, wirksame Medizin finden würden? Weißt du, was? Ich habe da plötzlich eine Idee!«

Er kniff ein Auge zusammen und nickte Christa, die mit

angehaltenem Atem und großen Augen dasaß, geheimnisvoll zu. Sie hatte sich schon so lange gewünscht, etwas aus eigener Kraft anzufangen, aber die Angst vor Franz' empörten Vorwürfen hatte sie zurückgehalten. Franz hatte immer darauf bestanden, dass alles, was sie im Wirtschaftsraum herstellte, zuerst von ihm gutgeheißen werden musste, bevor es den Brüdern serviert wurde. Bisher hatte es sich dabei ausschließlich um harmlose, schmerzstillende Getränke oder um leichte Schlaftropfen gehandelt. Alles andere war bisher nur Theorie.

Aber mit Theodors Aufmunterung – die eines Erwachsenen, der einen größeren Überblick hatte, als sie haben konnte – würde sie sicher einen Schritt weiter gehen können.

»Wie wäre es, wenn wir uns des Nachts in den Keller schleichen könnten?«

Christa sah ihn überrascht an.

»Warum das? Was sollen wir im Keller finden?«

»Pst, nicht so laut. Also, du weißt doch, dass der Kellerboden nur gestampfter Lehm ist. Und alle wissen, dass Rus in längst vergangener Zeit dort unten gehaust hat. Wenn wir jetzt einen kleinen Krug von diesem Lehm sammeln und ihn danach mit den richtigen Kräutern mischen, dann kann ich mir vorstellen, dass wir ein starkes Mittel gegen die Bösartigkeit der Welt damit herstellen. Glaubst du nicht?«

Theodor sah sie eifrig an. Als sie nicht sofort antwortete, fuhr er fort: »Erinnerst du dich noch, wie ich dir von den

Prinzipien erzählt habe, die der Herstellung der Medizin zu Grunde liegen? Du hast gesagt, dass das Geheimnis der heilenden Kräfte in dem ganz genauen Mischungsverhältnis zwischen den todbringenden und den Leben spendenden Stoffen liegt. Nun stelle dir eine Medizin vor, die nicht nur aus Kräutern mit guten Eigenschaften, sondern auch aus Bestandteilen hergestellt ist, die diese Gegensätze in geistiger Form enthalten!«

Die Augen des Reliquienhändlers glänzten vor Begeisterung bei diesem Gedanken. Schließlich besuchte er seit vielen Jahren die Gegend um das Kloster Esrom. Er kannte die Sage von Rus ganz genau und hatte sich erzählen lassen, dass die Benediktinermönche damals verschiedene kostbare Kruzifixe in den Keller gebracht hatten, bevor sie diesen versiegelten. Als die Zisterzienser herkamen und die alte Ruine wieder aufbauten, war der Keller immer noch intakt und der neue Orden ließ ihn bestehen, errichtete jedoch den neuen Refektoriumstrakt direkt darüber. Deshalb müsste sich also der Benediktinerschatz immer noch dort unten befinden. Kruzifixe aus massivem Gold, wie er gehört hatte. Wenn er an die herankommen könnte, würde er in südlichen Gefilden auf jeden Fall einen guten Preis für sie heraushandeln können.

Christa überlegte. Sie wusste nicht so recht, was sie von Theodor von Gylstrams sonderbarer Auslegung der Medizinrezeptur halten sollte, andererseits konnte es aber genau diese Zutat sein, die das Theriak wirksam machte. Vielleicht war es gerade ein Geheimnis dieser Art, das im Laufe der Zeit verloren gegangen war. Sie nickte zustimmend und sagte:

»Lass es uns versuchen, Theodor. Aber wir müssen das heimlich machen, denn Franz wird nur wütend werden, wenn er uns entdeckt.«

Der Reliquienhändler nickte und flüsterte:

»Komm heute Nacht zu mir, wenn alle schlafen. Ich werde für ein Licht sorgen, aber du hast Recht: Wir müssen aufpassen, dass uns niemand entdeckt. Du schläfst gleich neben Franz' Zelle, nicht wahr?«

Sie nickte. So lange sie denken konnte, hatte sie in einem kleinen, gemütlichen Zimmer neben der Zelle ihres Lehrmeisters geschlafen. Im Gegensatz zu den spartanischen Schlafräumen der Brüder stand in ihrem Raum ein kleiner Tisch mit einem Messingleuchter. Martin hatte ein hübsches Relief eines Sonnenaufgangs in Rosa und Gold gefertigt mit drei stilisierten Tauben darüber. Das hing an der Wand neben einem kleinen Holzkruzifix, wie es in jeder Zelle zu finden war. Außerdem hatte ihr einer von Erlands Lehrlingen, Mogens, ein Bett gebaut, aus dem sie nicht hinausfallen konnte. Es hatte Kopf- und Fußende und hochgezogene Seiten, sodass es fast wie ein kleiner Pferdeschlitten aussah. Und sie hatte weiche Kissen und mehrere gewebte Decken. Hier hatte sie sich immer wohl gefühlt. Es war ihr eigenes Zimmer, und das Bewusstsein, dass Franz direkt neben ihr schlief, hatte ihr immer ein Gefühl der Sicherheit gegeben.

Aber heute Nacht war es leider etwas unpraktisch, denn weder ihr Zimmer noch das von Franz hatte eine Tür. Sie schliefen am Ende des Flurs und hatten nie das Bedürfnis gehabt, sich aus irgendeinem Grund zurückziehen zu müssen. Da niemand dort vorbeiging, gab es keinen Grund, Türen einzusetzen. Sie musste also sehr, sehr leise sein, wenn sie sich hinausschleichen wollte.

Ihre Überlegungen wurden von Theodors Stimme unterbrochen.

»Es gibt nur noch ein kleines Problem, das nur du lösen kannst, Christa!«

»Und was?«

»Wir brauchen den Schlüssel!«

»Welchen Schlüssel?«

Noch nie war ihr der Gedanke gekommen, dass der Keller ja abgeschlossen sein könnte. Sie dachte, er wäre wie die meisten Haupttüren im Kloster von außen mit einem Holzbalken verriegelt.

»Ich bin unten gewesen und habe mir die Tür angeguckt. Man braucht einen Schlüssel, um sie zu öffnen. Aber glücklicherweise habe ich mich schon vorher mal hier und da in dieser Sache umgehört, ohne mir anmerken zu lassen, woran ich eigentlich interessiert bin. Bruder Severin hat mir erzählt, dass der Schlüssel sich in Williams Studierstube befindet, und da liegt er schon seit Jahren unberührt. Er hat mir gesagt, dass er sich in dem Schränkchen an der Wand befindet – und dabei gemurmelt, dass dieser Schrank mehrere Male sauber geschrubbt worden ist, aber mehr hat er dazu nicht gesagt. Nun ja, das ist ja auch gleich, Hauptsache, wir wissen, wo der Schlüssel sich befindet.«

»Aber wir können doch nicht einfach . . .«

Sie brachte es nicht über sich, den Satz zu beenden, weil der Gedanke, den Schlüssel aus Williams Schrank zu stehlen, ihr fast wie eine Gotteslästerung erschien. Außerdem scheute sie sich davor, den Schrank zu öffnen, in dem das Brot gelegen hatte. Aber das konnte sie Theodor gegenüber nicht sagen, denn er wusste nichts von der verdorbenen Reliquie.

»Wir leihen ihn uns ja nur, aber du musst ihn holen. Ich kann nicht einfach da oben herumwandern. Wir werden ihn zurücklegen, sobald wir fertig sind.«

Theodor von Gylstram kratzte sich an seinem voluminösen roten Bart und legte den Kopf mit dieser unschuldigen Miene schräg, die er gern aufsetzte, wenn er es mit misstrauischen Kunden zu tun hatte. Das war ausschlaggebend. Christa nickte zustimmend und ging in Gedanken schnell den Weg von ihrem Zimmer zu Williams Studierstube durch. Sie war sich sicher, dass sie die Aufgabe meistern würde, und wenn sie erst einmal unten im Keller waren, würde es nicht lange dauern, bis sie hatten, wonach sie suchten. Der Schlüssel würde nicht lange weg sein und niemand würde ihn vermissen.

Seit der Reliquienhändler zum ersten Mal dieses Experiment vorgeschlagen hatte, hatte sie verschiedene Kräuter gesammelt, von denen sie wusste, dass sie wirksam waren – allein für sich und auch, wenn man sie mit anderen mischte. Sie hatte sie in Wasser eingeweicht und in großen Schalen aufs Regal gestellt, wo Franz und sie ihre getrockneten Kräuter zum späteren Gebrauch aufzubewahren pflegten. Er hatte keine Frage gestellt.

Es waren Wermut und Pfefferminze gegen Magenbeschwerden, es waren Weißdorn und Löwenzahn zur Unterstützung der Körperkräfte und schließlich Brennnessel und Salbei gegen Fieber und Erkältung. Alles zusammen gute, milde Heilkräuter, aber Christa hatte außerdem einen besonderen Bestandteil für ihr Theriak gefunden, und sie war sich ganz sicher, dass diese Pflanze den anderen Kräutern noch besondere Kraft hinzufügen würde. Sie hatte einen Korb mit einem frisch gepflückten Bund Stechäpfeln versteckt.

Franz hatte ihr erklärt, dass die ganze Pflanze äußerst intensiv wirkte und dass sie lebensgefährlich war. Außerdem hatte er ihr erzählt, dass man bei der Einnahme einer zu großen Dosis Halluzinationen bekommen und jedes Gefühl für Zeit und Raum verlieren könnte, wenn man nicht sowieso auf der Stelle starb. Vor allem Letzteres hatte Christa sehr beschäftigt. Wenn der Stechapfel einen Zustand hervorrufen konnte, in dem der Körper nicht länger zu existieren schien, dann war es doch möglich, dass genau diese Wirkung die hoffnungslosesten Krankheitszustände vertreiben konnte – vorausgesetzt, es wurde die genau ausgewogene Dosis eingenommen. Zusammen mit dem Lehmpulver aus Rus' Keller – dem ›gereinigten‹ Keller, in dem die Brüder Weihwasser geschwenkt und eine Messe gehalten hatten – würden Stechapfel und die anderen Ingredienzen ein so wirksames Mittel ergeben, dass es augenblicklich heilen musste – wenn es nicht tötete! Das war ein gefährliches Spiel mit den Kräften der Natur, das wusste sie, aber der Eifer des Reliquienhändlers entsprach ihrem eigenen und sie ließ sich nur zu gern von ihm mitreißen.

»Ja, ich werde den Schlüssel besorgen. Ich komme mit ihm hier herunter, wenn alle schlafen«, flüsterte sie.

Sie waren sich einig. Beide guckten zum Wirtschaftsraum hinüber, in dem Franz mit dem Rücken zu ihnen am Tisch stand und verbissen mit Mörser und Stößel arbeitete.

Ein blasser Mond stand über dem Kloster und ließ nur wenig Licht durch die kleinen, hoch in der Wand sitzenden Fenster in den Dormitoriumsflügel eindringen.

Christa war aufgestanden und schlich langsam auf den Flur. Lange Zeit hatte sie Franz schnarchen gehört und war sich jetzt ganz sicher, dass er fest schlief. Einen Moment blieb sie in der Öffnung zu seiner Zelle stehen und betrachtete ihn. Sie konnte nur die Konturen der schlafenden Gestalt erkennen, sah aber doch, dass er mit tiefen, regelmäßigen Atemzügen Luft holte. Dann schlich sie weiter zur Treppe. Das war eine massive, starke Eichenkonstruktion, die nie auch nur den geringsten Knarrlaut von sich gab, wenn man sie betrat. Deshalb lief sie, ohne zu zögern, schnell die Stufen hinunter und erreichte unbemerkt den Bogengang, an dessen Ende William seine Studierstube hatte, nahe der Kapelle. Sie fühlte sich in der Dunkelheit sicher und bewegte sich unbeschwert auf die Tür zu.

Drinnen schien das Mondlicht durchs Fenster herein. Die Strahlen fielen direkt auf die Wand hinter Williams großem Arbeitstisch. Zuerst erschrak sie, als die Farben des Bilderfrieses mit einem Silberschimmer aufleuchteten und so deutlich hervortraten, als würden sie aus eigener Kraft glühen. Aber dann fiel ihr ein, dass ja auch die Strahlen der Sonne genau die gleiche Stelle trafen. Da war es schließlich nichts Außergewöhnliches, wenn es auch der Mondschein tat. Das Fenster war so konstruiert worden, dass das Licht von draußen immer direkt auf den Fries fiel. Vielleicht hatte William gerade deshalb Martins Werk dorthin gehängt, wo es hing? Dennoch blieb sie einen Augenblick stehen und betrachtete das Bild von Rus' groteskem Körper, der in den Brunnen verschwand. Sie seufzte: Er war vertrieben, auch wenn er immer wieder versuchte zurückzukommen. Es gab für sie keinen Zweifel daran, dass er sich heimatlos fühlte, weil er nie wieder zurück in den Keller konnte.

Der Keller war ebenso geweiht wie der ganze Rest des Klosters, wenn aber der Keller abgeschlossen war, dann war das ein symbolisches Zeichen dafür, dass Rus von seinem früheren Versteck für alle Ewigkeit getrennt war. Diese vertrauensvolle Sicherheit, die ihr das Kloster gab, verlor Christa nie. Entschlossen ging sie zum Wandschrank. Die Tür war geschlossen, aber der Schlüssel steckte wie immer im Schloss, und sie musste einen Stuhl heranziehen, um hinaufzureichen und sie zu öffnen. Richtig, da drinnen lag ein Schlüssel. Es war sogar das Einzige, was in dem Schrank lag – ein Schlüssel auf dem Boden des Schranks.

Der roch noch nach Lauge und das Holz fühlte sich etwas feucht an. William hatte wirklich den Schrank emsig schrubben lassen, dachte sie nebenbei. Als sie den Schlüssel genommen und den Stuhl an seinen Platz gestellt hatte, eilte sie in die Küche hinunter, wo Theodor auf sie wartete.

Wie immer brannte noch Glut in der Feuerstelle und der rötliche Schimmer ließ den Reliquienhändler mit dem wilden roten Bart und keiner einzigen Haarsträhne auf dem Kopf wie den leibhaftigen Teufel aussehen. Aber dieser Teufel hatte freundliche Augen und ein verschmitztes Lächeln auf den Lippen. Er stand auf und rieb sich entzückt die Hände.

»Wollen wir zu unserer Expedition aufbrechen, Christa? Bist du bereit?«

Sie nickte und gab ihm den Schlüssel. Es war am besten, wenn er ihn nahm, denn sicher war das Schloss schwer zu öffnen. Es musste ja seit vielen Jahren nicht benutzt worden sein. Sie hoffte nur, dass es nicht so laut knirschen würde, dass es alle Brüder weckte.

Sie schlichen davon. Um in den Keller zu gelangen, mussten sie zuerst hinaus und um die Ecke des Nordflügels gehen, in dem die Küche lag. Beide mussten vor sich selbst zugeben, dass sie bei dem Gedanken, den verlassenen Kellerraum zu betreten, eine Gänsehaut überlief. Aber beide wurden von einer Mission getrieben, die sie jedem Gefühl des Grauens trotzen ließ. Außerdem waren sie ja zu zweit. Und der große Reliquienhändler war bereits über die Gesellschaft eines kleinen Mädchens bei dieser Expedition unter die Erde hoch erfreut.

Theodor hielt den schweren Schlüssel in der Hand und hob den kleinen Kerzenhalter mit dem Talglicht ein wenig. Jetzt konnte er das Schloss sehen, es war aus Schmiedeeisen und mit soliden Nägeln befestigt. Vorsichtig probierte er den Schlüssel aus und stellte zu seiner Verblüffung fest, dass er sich im Schloss drehen ließ, als wäre alles extra für ihre Ankunft geschmiert worden. Er drehte den Schlüssel zweimal herum und fasste die Klinke. Die Tür öffnete sich ohne einen Laut. Er schaute zu Christa und legte ihr eine Hand auf die Schulter. Sie traten ein. Dort drinnen war es eiskalt und feucht; das Kellergewölbe war ziemlich groß und in dem kleinen Lichtkranz, den die Kerze warf, konnten sie die Farbe des Bodens erkennen. Kohlrabenschwarz, selbst im gelben Schein der Flamme. Der Reliquienhändler ging vorsichtig weiter in den Raum hinein. Dabei ließ er seine Hand auf Christas Schulter liegen und zog sie näher zu sich heran, als wollte er sie vor etwas beschützen, von dem er selbst nicht wusste, was es war. Sein Eifer, die goldenen Kruzifixe zu finden, wurde allmählich von einem anderen Ziel abgelöst: so schnell wie möglich von diesem Ort wieder wegzukommen. Dennoch hielt er das Talglicht vor sich und suchte den finsteren Raum nach etwas ab, woran sich sein Blick festmachen konnte – die gähnende Leere hier unten war fast unerträglich und der kleinste Gegenstand, der Zeugnis dafür hätte ablegen können, dass jemals Menschen hier unten gewesen waren, wäre eine Erleichterung für ihn gewesen. Sein Atem kam in lauten Stößen und er spürte, wie ihm der kalte Schweiß die Schläfen hinunterlief.

Keiner von beiden sagte ein Wort und die dichte, grabkammerartige Stille lähmte ihre Gedanken. Der Reliquienhändler folgte der feuchten Wand aus zerbröckelndem Stein. Er ließ ein paar Finger über die unregelmäßigen Fugen streichen, aber sein Griff um Christas Schulter wurde dabei nur umso fester. Sie drückte sich an ihn und wollte gerade sagen, dass sie so schnell wie möglich etwas von dem gestampften Lehmboden zusammenkratzen sollten. Dazu hatte sie ein kleines Messer und einen Tonkrug in einem Lederbeutel mitgebracht. Aber gerade als sie den Mund öffnete, blieb Theodor plötzlich stehen und murmelte ein paar heisere Flüche. Er hatte sich seinen Kopf an der scharfen Kante von irgendetwas gestoßen, das in der linken Ecke aufgehängt war. Instinktiv hob er die Hand mit dem Licht hoch, um zu sehen, was es war, konnte es aber kaum erkennen, bevor ein dumpfer, schnarrender Lärm die Stille durchbrach. Im gleichen Moment wurde Christa klar, worum es sich handelte: Theodor war gegen die alte Getreiderutsche gestoßen. Sie hatte Erland oft von ihr sprechen gehört, wenn er die Möglichkeit diskutierte, sie wieder in Gebrauch zu nehmen. Aber es war immer bei Worten geblieben, denn William hatte den Gedanken, das Kellergewölbe zu öffnen, streng von sich gewiesen, auch wenn es als Getreidelager und Vorratsraum gut zu gebrauchen wäre, genau wie zu den Zeiten der Benediktiner. Erland wurde kurz und bestimmt mit dem Bescheid abgewiesen, dass Rus den Keller für alle Zeiten besudelt hätte, weshalb er leer und verschlossen bleiben musste.

Christa duckte sich instinktiv und warf sich zur Seite. Sie hatte das Fallen der Rutsche mehr gehört und gefühlt als im Licht des Talglichts gesehen, das Theodor in seiner ausgestreckten Hand hielt. Christa fiel, als die schwere Eisenkante sie traf und ihr rechtes Bein an den Boden nagelte. Zuerst erfasste sie nur den Schmerz. Der Knöchel war gebrochen und der Fuß in einem spitzen, unnatürlichen Winkel verdreht. Dennoch war ihr erster Reflex, das Bein anzuziehen, aber das tat nur noch mehr weh. Sie schrie nicht, der Schmerz war so überwältigend, dass sie kaum Luft holen konnte, und eine entsetzliche Übelkeit überwältigte sie, als sie den Kopf zum Licht drehte. Das Licht war Theodor aus der Hand gefallen und lag jetzt ein paar Schritte von ihnen entfernt an der Wand. Es leuchtete immer noch, denn es stand, als hätte es jemand mit vorsichtigen Händen auf den Boden gestellt.

Aber Christa bemerkte dieses sonderbare Phänomen gar nicht, denn Theodor lag unter der schweren Rutsche und aus seinem Mundwinkel sickerte Blut. Seine Augen waren weit aufgerissen und er holte Luft mit einem lauten pfeifenden Geräusch, das merkwürdig an seine piepsende, hohe Stimme erinnerte. Doch er sprach nicht, denn er war genau wie Christa von der Katastrophe wie gelähmt. Sie versuchte eine Hand zu ihm auszustrecken, konnte ihn aber nicht erreichen, und der verletzte Reliquienhändler blinzelte ein paar Mal mit den Augen vor Angst und Schmerz. Dann versuchte er doch noch etwas zu sagen, musste aber so schrecklich husten, dass ihm Blutblasen aus Nase und Mund stürzten. Christa rief seinen Namen mehrmals, bevor er noch einmal versuchte, zu ihr zu sprechen. Er sagte:

»Ich werde hier nie wieder rauskommen, Christa, aber du kannst es noch schaffen, dich zu retten.«

Sie antwortete: »Ich kann mich auch nicht bewegen. Mein Bein sitzt fest und ich glaube, es ist gebrochen.«

Sie begann zu weinen, vor allem weil sie keine Hilfe für den sterbenden Mann holen konnte. Denn sie hatte keinen Zweifel daran, dass Theodor von Gylstrams Ende gekommen war; es war eine Frage von Minuten oder Sekunden. Aber der Reliquienhändler sah seinem Schicksal tapfer in die Augen. Er hatte eine Grenze überschritten, die von seiner profanen Krämerseele nicht hätte verletzt werden dürfen. Das war ihm ohne den Schatten eines Zweifels bewusst und dabei war es ihm ganz gleich, ob es nun Gott oder Rus gewesen war, der die Rutsche hatte fallen lassen. Für ihn lief es aufs Gleiche hinaus. Aber dass er Christa zu dieser unglückseligen Expedition in die Finsternis unter der Erde verlockt hatte, erfüllte ihn mit tiefer Reue. Jetzt lag sie auch festgeklemmt unter der schweren Getreiderutsche, die vorher an ihren rostigen Haken unter der Decke gehangen hatte.

Er holte tief Luft und musste erneut Blut und roten Schaum aushusten. Die Dunkelheit schien jetzt, da der Lichtschein des Talglichts so nah am Boden war, noch schwärzer zu sein. Es war, als fordere der schwarze Keller das schwache Licht der kümmerlichen Flamme des Talglichts heraus.

Mit seinen letzten Kräften hob der Reliquienhändler seinen Kopf und bat Christa um Verzeihung für seine eigennützige Handlung. Er erzählte ihr von den goldenen Kruzifixen und seiner Gier danach. Doch die Kruzifixe in Rus' Keller waren nur eine Legende, an die er geglaubt hatte, bis er mit eigenen Augen sehen musste, dass es hier nur Finsternis zu finden gab. Sie waren der Traum von Gold gewesen, das sein erbärmliches Leben hier auf Erden hätte bereichern können. Aber in diesem Moment wusste er, dass sie mehr waren als das – und er war sich ganz sicher, dass es sie an einem anderen Ort gab. Diese goldenen Symbole des neuen Glaubens, der die Welt dazu gebracht hatte, Gott zu lauschen, gehörten ihm bereits, wenn er sie nur annehmen wollte. Sie waren nicht hier unten, aber vielleicht konnte er sie erreichen, wenn er die Augen schloss.

All das erzählte der rotbärtige Reliquienhändler dem Mädchen, das neben ihm lag und litt. Er bedauerte, dass er sie verlassen musste, und wünschte ihr Glück in der Dunkelheit. Dann fiel sein Kopf zurück auf den schwarzen Lehmboden – und Theodor von Gylstram war nicht mehr bei ihr.

Christa wusste, dass er fort war. Lange lag sie still und wagte kaum Luft zu holen. Zuerst herrschte vollkommene Stille um sie herum, aber mit der Zeit begannen ihre Ohren ein leises Flüstern einzufangen. Sie stützte sich auf die Ellbogen und versuchte zu erkennen, was das war. Das Licht reichte nicht bis in die Ecken, aber vielleicht war es auch nur ein Zischen der Flammen, was sie gehört hatte. Sie sah betroffen den toten Mann neben sich an, sie hatte ihm nichts vorzuwerfen, denn sie war ja aus ebenso eigennützigen Motiven wie er hier heruntergegangen. Beide wollten das erreichen, was sie haben wollten, und beide waren in der Falle ihrer Begierden gefangen worden. Aber sie wollte nicht wie der Reliquienhändler enden. Sie wollte hinauf ans Licht! Deshalb zog sie ihr schmerzendes Bein mit allen Kräften, die sie aufbringen konnte, an sich.

Das leise Flüstern erklang erneut, diesmal ganz dicht an ihrem Ohr. Sie hielt in ihren Anstrengungen inne, der kalte Schweiß brach ihr am ganzen Körper aus. Das schreckliche

Ziehen im Knöchel war nichts gegen die Furcht, die sie ergriff.

War das Rus? Was waren das für Worte, die da psalmodiert wurden? Sie riss die Augen vor Furcht weit auf, als ihr klar war, dass es Exorzismen waren, die monoton gesprochen wurden. Doch die Worte waren nicht richtig: Christa kannte die Worte, aber die flüsternde Stimme hatte sie vertauscht. Das war Rus, der das Licht aus seinem Keller vertrieb, genau wie die Benediktiner versucht hatten, ihn zu vertreiben und an seine Stelle das Licht zu setzen.

Sie musste fort und sie riss an ihrem Bein wie ein Tier in einer Falle. Wäre sie in der Lage gewesen, hätte sie sich ihr eigenes Bein durchgebissen, wie es die Füchse und Hasen tun, wenn sie in einer Falle gleichzeitig von Todesangst und dem Willen, freizukommen, getrieben werden. Aber es nützte nichts und sie wurde fast wahnsinnig vor Angst. Dann verlor sie das Bewusstsein und die flüsternde Stimme verstummte jäh.

Franz sah, dass Christa nicht in ihrem Bett lag. Er dachte, sie wäre wohl schon vor der Prim in die Küche hinuntergegangen. Leise fluchte er auf den ruchlosen Reliquienhändler, der ihre Aufmerksamkeit auf sich zog und sie dazu brachte, über seine wahnsinnigen Geschichten zu lachen. Jetzt saßen sie sicher unten bei der Feuerstelle und steckten ihre Köpfe wie üblich zusammen. Seufzend trottete er die Treppe hinunter.

In der Küche war außer Holger und dem verwirrten Severin niemand. Dieser bereitete unter großem Lärm und Poltern die erste Mahlzeit der Mönche vor. Er lief zwischen Töpfen und Pfannen hin und her, wobei er murmelnd darüber schimpfte, dass jemand das Feuer hatte ausgehen lassen, wo er es jetzt doch so eilig hatte, seine Pflichten zu versehen. Franz blieb stehen und sah ihn überrascht an, bevor er ihn fragte:

»Sind Christa und diese rothaarige Krämerseele nicht hier gewesen?«

Severin ließ vor Schreck eine Schüssel mit Gerstensuppe fallen. Beschämt drehte er sich um und entschuldigte seine Ungeschicklichkeit.

Nein, er habe niemanden in der Küche gesehen und er wolle im Besonderen auf Christas Versäumnis hinweisen, hatte sie doch versprochen, sich morgens ums Feuer zu kümmern.

Severin beseitigte den von ihm angerichteten Schaden und jetzt läutete es auch zur Prim. Er warf alles hin, was er in den Händen hielt, und lief davon, als wäre der Teufel hinter ihm her. Er leitete den Chor und William würde seine Verspätung nicht mit milden Augen ansehen. Kopfschüttelnd ging Franz hinter ihm her in die Kapelle.

Eskil und William standen still und andächtig da, die

Gesichter dem goldenen Altarbild zugewandt, während Esroms Brüder langsam den Raum füllten. Als Franz eintrat, warf er hastige Blick um sich, um Christa zu finden. Sie war nicht da. Er runzelte die Stirn und schritt so würdig, wie er es vermochte, zu den beiden gebieterischen Männern, die still wie Statuen dastanden, beide tief in Gedanken versunken. Er stellte sich neben William, flüsterte diesem halblaut zu, dass er Christa noch nicht gesehen hätte. William blinzelte und löste sich aus seinem Gebet. Er wandte sich Franz mit einem fragenden Blick zu, der sich jedoch schnell in eine besorgte Miene veränderte, als ihm klar wurde, dass das Mädchen auch nicht in der Kapelle zu sehen war. Das Geläut hatte aufgehört und sie hätte also gekommen sein müssen – sie war immer pünktlich, genau wie alle anderen Klosterbewohner. Zum Gebet zu spät zu kommen war unstatthaft und es kam nur äußerst selten vor, dass ein Mönch sich dieses Vergehen zu Schulden kommen ließ.

Franz machte außerdem seinen Abt darauf aufmerksam, dass auch Theodor von Gylstram wie vom Erdboden verschwunden war. Das gab für William den Ausschlag. Er wandte sich Eskil zu und bat um die Erlaubnis, das Gebet abzubrechen. Das Gesicht des Erzbischofs zeigte trotz dieser unerhörten Bitte keine Regung. Er trat zum Altar und ergriff das Wort. Die Prim wurde nach einem kurzen Gebet mit der Bitte um Vergebung abgebrochen.

Franz, Eskil und William hasteten unter den verblüfften Blicken ihrer Brüder hinaus. Im Lauf winkte William die letzte Reihe der Brüder zu sich. Draußen vor der Kapelle bekamen die Mönche die Weisung, das Kloster zu durchsuchen und Christa, wenn sie gefunden worden war, in seine Studierstube zu bringen. Der Reliquienhändler sollte in die Küche verwiesen und ermahnt werden, dort zu bleiben, bis er weitere Order bekam. Immer noch verfluchte Franz Theodor von Gylstram in seinem Inneren, während er seinen beiden Oberen folgte, um ungestörter mit ihnen sprechen zu können.

Bis jetzt gab es nichts wirklich Alarmierendes: Der Reliquienhändler musste Christa auf Abwege gelockt haben und beide hatten sicher versäumt, auf die Zeit zu achten. Aber dennoch spürten alle eine leichte, nagende Unruhe in ihren Herzen. Am vorhergehenden Tag hatten Eskil und William eine lange Zusammenkunft gehabt, bei der sie beschlossen hatten, dass Christa beim nächsten Mal, wenn der Erzbischof zum französischen Stammhaus reiste, ihn dorthin begleiten sollte. Sie waren sich einig darüber geworden, dass Esrom nicht länger als sicheres Refugium für das Pflegekind angesehen werden konnte. Rus' Geist lastete schwer über dem Ort und William konnte nicht länger für Christas Zukunft garantieren. Sie war nicht zu vergleichen mit den Brüdern, deren Überzeugung und Verankerung im Glauben jeden Einzelnen beschützen würde. Christa war zu jung und noch zu leicht beeinflussbar. Ihre Ausbildung und Erziehung wäre erst in vielen Jahren beendet und Clairvaux bot den perfekten Rahmen für die weitere Ausbildung der vielen

Fertigkeiten, die für jedes einzelne Mitglied des Zisterzienserordens obligatorisch waren.

Dass diese Unregelmäßigkeit ausgerechnet heute stattfand, war Unheil verkündend, aber sicher gab es eine ganz natürliche Erklärung . . .

Als die Tür sich hinter Franz geschlossen hatte, wandte Eskil sich dem heilkundigen Bruder zu und bat ihn um eine ausführliche Erklärung. Doch bevor Franz dazu kam, auch nur den Mund zu öffnen, erklang ein erschrockener Ausruf von William. Der Abt stand vor dem Wandschränkchen, aschgrau im Gesicht und mit bleichen Lippen. Die Tür des Schranks war aufgeschwungen und ein gottloser Gestank breitete sich im Zimmer aus. Er rührte von einer schwarzen Masse her, die über die Bretter geschmiert zu sein schien. Aber nach dem verdorbenen Brot war das Schränkchen doch gründlich geputzt worden, nachdem Eskil die verdorbene Reliquie mit eigenen Augen gesehen hatte! Dennoch war der Schrank jetzt erneut von einer widerlichen, unreinen Substanz verdreckt worden, die an den Regalen und der feinen Holzschnittarbeit klebte. Die drei standen einen Augenblick lang stumm und entsetzt da, aber dann eilten sie, alle von dem gleichen Gedanken getrieben, zur Tür. Franz zerrte an der Klinke und schon liefen sie hinaus, erfüllt von der bangen Ahnung, welche gewaltigen Kräfte hier ernsthaft am Werke sein mussten. Sie konnten nicht passiv abwarten, dass die Mönche mit Christa zurückkämen, der Gedanke, dass ihr Fernbleiben auf Nachlässigkeit und Ungehorsam zurückzuführen war, war vergessen. An seine Stelle war die Angst vor dem Ausgang eines Mysteriums getreten, das sie noch nicht in Worte fassen konnten.

5. Das Brandzeichen

Gewohnheitsgemäß sitzt Eskil Herbert in der kleinen Zelle gegenüber. Mehrere brennende Kerzen stehen vor ihnen auf dem Tisch, und da um sie herum eine bittere Kälte herrscht und um sich vor dem eisigen Zugwind zu schützen, haben beide die Kapuzen ihrer wollenen Skapuliere aufgesetzt. Eskil erzählt schon seit langer Zeit von seinen eigenen Qualen in dem Kloster im fernen Dänemark und Herberts Notizen sagen diesem, dass es bald an der Zeit sein wird, das große, in Leder eingebundene Buch hervorzuholen. Das hat immer noch viele unbeschriebene Seiten und es bietet neben diesem vielen weiteren Wundern Platz. Vielleicht werden die Ereignisse in Esrom ja unter den vielen phantastischen Berichten aus der ganzen Christenwelt nicht sehr viel Platz einnehmen, aber für Eskil bedeutet Christas Geschichte viel mehr als die vielen Rapporte, deren er sich bei taktischen Manövern mit den weltlichen Mächten bedient hat.

Er räuspert sich und beginnt davon zu erzählen, was er an diesem Sommermorgen sah, als sie Rus' Keller öffneten.

»Da war Feuer . . .«, beginnt der alte Mann und ist fast dankbar für die Eiseskälte der dicken Mauern und das vertraute Ziehen der Gicht in den Gelenken. Innerlich schüttelt er sich bei der Erinnerung an die Flammen und den scharfen Gestank verbrannten Fleisches.

Noch bevor sie den Hof betraten, konnten sie die Rufe und erschreckten Schreie der Brüder hören, die ausgeschickt worden waren, nach den Verschwundenen zu suchen. Eskil und William warfen sich schnell viel sagende Blicke zu und hasteten weiter, Franz dicht hinter ihnen. Hatte da jemand etwas von Feuer gerufen? Sie konnten noch keinen klaren Gedanken fassen, denn der Anblick des geschändeten Schränkchens hatte sie in den Grundfesten ihrer Seele erschüttert, sodass sie jetzt nichts anderes tun konnten als handeln – gegen das kämpfen, was da in ihren Bereich eingedrungen war oder genauer gesagt: in Gottes Bereich. Und sie waren bereit, das zu tun, was nötig war, um das Ungleichgewicht wieder auszugleichen, das dem Fluch Raum gegeben hatte.

Als sie aus dem Bogengang kamen, sahen sie die Flammen. Das Feuer brannte im Keller unter der Küche und Franz ertappte sich dabei, dass er sich fragte, was überhaupt dort unten brennen konnte, da der Keller doch leer war und eingekapselt vom Lehmboden und nackten, grob behauenen Quadersteinen.

»Der Schlüssel!«, rief er aus und packte William beim Arm.

Schließlich war der Schrank ja leer gewesen, abgesehen von dem dicken Dreck auf den Zwischenböden! Der Schlüssel war weg!

Doch William hatte keine Zeit, lange über dieses Problem nachzudenken, denn Eskil war vor die vor Schreck wie gelähmten Brüder getreten, die sich ratlos im Hof versammelt hatten, während sie mit großen Augen die Flammen anstarrten, die durch die kleinen Luken unter der Küche hervorleckten. Der Erzbischof befahl den Mönchen mit scharfer Stimme, etwas zu suchen, das als Rammbock benutzt werden konnte. Erland und seine Lehrlinge reagierten schnell und waren bald mit einem großen Eichenstamm zurück, den sie gerade heimgebracht hatten. Eskil wählte die stärksten Brüder dazu aus, den Rammbock zu führen, und gab den Befehl, mit ihren Versuchen anzufangen. William war hinzugekommen und beide gingen voran, um zu untersuchen, ob die massive Kellertür immer noch verschlossen war. Und dem war so! Der Abt winkte die Leute heran, und obwohl einige Stufen zur Tür hinunterführten, gelang es den Brüdern, den Rammbock so zu bugsieren, dass er mit einigen Anstrengungen seiner Aufgabe dienen konnte. Eskil trat neben William und gab das Signal anzufangen. Die Mönche mühten sich ab und kämpften mit der Tür. Ganz gleich, wie massiv sie auch sein mochte, irgendwann musste sie doch nachgeben! Aber als die Zeit voranschritt und die beharrlichen Anstrengungen nutzlos zu sein schienen, mussten die schweißtriefenden Brüder innehalten, um neue Kräfte zu sammeln. Die Flammen ließen immer noch ihre Zungen durch die Luken des Kellers hervorlugen und die glühende Hitze war kaum zu ertragen. Williams Gesicht war eine stramme Maske, doch innerlich verzweifelte er fast – warum war das so schwierig? War der Kampf wirklich so ungleich?

Die erschöpften Mönche hatten soeben den Rammbock wieder hochgenommen, als sie das Geräusch von Pferdehufen hörten, die näher kamen. Alle drehten sich um und sahen einen dunkelhaarigen Reiter durch das Tor hereinstürmen, das ein unaufmerksamer Bruder offenbar hatte offen stehen lassen.

Der Reiter zügelte sein Pferd, sprang herab und lief auf Eskil und William zu. Es war Rupert. Der Abt erstarrte und trat vor den Erzbischof. Rupert war unberechenbar und es war ihm verboten worden, das Gelände des Klosters je wieder zu betreten, ganz gleich, wie viele Katastrophen sie zu bekämpfen hatten. Dieser schleimige Bauer sollte ihre Verwirrung nicht nutzen können, um sich bei ihnen einzuschleichen und die Stimmung unter den Brüdern zu vergiften.

»Verschwinde!«, war alles, was William sagte, aber der Mann blieb einfach stehen und erwiderte den eiskalten Blick des Abts, ohne mit der Wimper zu zucken.

»Ich kam vorbei und habe Rauch gesehen«, sagte er, als hätte er Williams Befehl gar nicht gehört. »Wie ich sehe, kommt er aus dem Keller, aber warum benutzt ihr einen Rammbock? Gibt es denn keinen Schlüssel?«

Er ließ seinen Blick vom Rammbock zur Tür und zurück zu William wandern.

»Verschwinde von hier, Rupert!«, wiederholte William und trat direkt vor den Mann.

»Aber vielleicht kann ich helfen«, wendete der dunkelhaarige Bauer ein und suchte Eskils Blick, in dem er einen Verbündeten zu finden hoffte.

»Wenn ihr den Schlüssel nicht habt, kann ich vielleicht so das Schloss aufbekommen!« Rupert rasselte mit einem Bündel Werkzeug, das an seinem Gürtel hing.

»Lass ihn doch versuchen, das Schloss aufzubrechen, William!«, ertönte Eskils gebieterische Stimme. »Wir haben keine Zeit zu versäumen und der Rammbock scheint nichts zu nützen. Tretet zur Seite und lasst es den Mann versuchen!«

Eskil legte William eine Hand auf die Schulter und zog den Abt zur Seite. Rupert lächelte schief und näherte sich der Tür, während er mit den Fingern sein Werkzeugbündel durchging.

Die Brüder zogen den schweren Eichenstamm zurück und warfen ihn auf den Hofplatz, um dann sofort wieder zur Kellertreppe zu eilen, wo Rupert bereits dabei war, das Schloss aufzubrechen. William und Eskil waren zurückgetreten und tauschten Blicke, die besagten, dass beide wohl wussten, dass Rupert eine Bedrohung für ihre Gemeinschaft war: Eskil hatte es in den Augen des Mannes gesehen, genau wie William damals, als er den Bauern in seiner Studierstube empfangen hatte. Dass Eskil dennoch verhindert hatte, dass der Abt den Mann hinauswarf, lag allein an seiner pragmatischen Vorstellung, dass alles in Gottes Händen lag, und außerdem an der Tatsache, dass die Tür um jeden Preis geöffnet werden musste. Wenn Rupert das erst mal getan hatte, konnte ihm die Behandlung zuteil werden, die er verdiente. Eskil nickte William zustimmend zu und der Abt willigte stumm ein, sich bis auf weiteres ruhig zu verhalten.

Niemand hatte bemerkt, dass Franz nicht unter ihnen war. Die Aufmerksamkeit aller war auf die Tür und den Mann gerichtet, der routiniert das Schloss dort unten aufbrach. Aber nicht weit entfernt, im Bogengang, lag der heilkundige Mönch in heftigen Krämpfen auf dem Boden. Seine rechte Hand presste er gegen sein Herz, während sein linker Arm schlaff neben dem Körper lag.

Ein metallisches Klicken war zu vernehmen und Rupert trat mit einem triumphierenden Lächeln zur Seite. Er breitete die Arme aus und erklärte, dass die Tür offen sei. Nun musste der Abt des Klosters entscheiden, ob er als Erster hineingehen wollte. William zögerte nicht, die Brüder machten ihm Platz, als er zur Tür schritt, Rupert ganz zur Seite fegte und die Hand auf das Schloss legte. Das war glühend heiß, aber der Abt ließ sich nichts anmerken. Er wusste, dass Rupert auf einen Schmerzensschrei hoffte, gönnte ihm jedoch nicht diese Schadenfreude. Eskil war auch mitgekommen und nun schob William die Tür auf.

Dicker Rauch wälzte sich ihnen entgegen und warf sie fast zu Boden. Sie traten ein paar Schritte zurück und ließen die Wasserträger, die bereits warteten, herankommen. Nur wenige Eimer voll waren notwendig, um die hellen Flammen zu dämpfen. Das Feuer dort drinnen schien gezähmt und verbreitete sich nur noch in winzigen Flämmchen über den ganzen Boden. Weder William noch Eskil nahmen sich die Zeit, über den sonderbaren Charakter des Feuers zu spekulieren, denn sie starrten ungläubig die beiden Gestalten an, die unter der großen Getreiderutsche auf dem Boden lagen – die eine verkohlt und rabenschwarz, die andere anscheinend von den Flammen unberührt: Christa!

Noch konnten sie nicht hineinlaufen, um sie zu holen, weil die Hitze ihnen immer noch ihren glühenden Wind entgegenschlug. Eskil murmelte ein kurzes Gebet, in dem er um Stärke bat, der Hitze trotzen zu können. Er riss sich aus Williams Griff los und achtete nicht auf die Warnungen, als er sich hineinstürzte, um die unbewegliche kleine Gestalt in den weißen Kleidern zu erreichen. Er spürte, wie seine Gesichtshaut verbrannte, und fühlte geradezu, wie Brandblasen überall hervorzuquellen begannen, als er die Rutsche mit den bloßen Händen hochhob. Dennoch ließ er erst los, als er die Eisenkonstruktion ganz in die Ecke hatte werfen können, worauf er sich niederbeugte und Christa in seine Arme nahm. Schnell stellte er fest, dass sie den linken Arm zur Leiche neben sich ausgestreckt hatte – und dass ihr Arm, der einzige verbrannte Körperteil, fast bis zum Ellbogen verkohlt war. Direkt in ihrer Reichweite lag ein großer schwarzer Schlüssel.

William nahm sie in seine Arme, als Eskil mit ihr die Türöffnung und damit die frische Luft erreicht hatte. Eskil sank auf den Treppenstufen zusammen und hielt sich die verbrannten Hände vors Gesicht, das roter glühte als sein kostbares Gewand. Die Mönche umringten William, der das bewusstlose Mädchen im Arm hielt, während er nach Franz rief. Alle drehten sich um und begannen den Heilkundigen zu suchen, der sich doch unter ihnen befinden sollte. Als ihnen klar wurde, dass er nicht da war, hob im Klosterhof ein Chor von Rufen an.

Sowohl William als auch Eskil wunderten sich lautstark, da sie doch alle drei gemeinsam aus der Studierstube des Abts gelaufen waren. Martin lief schnell davon, um den Bruder zu suchen, aber er brauchte nicht weit zu laufen. Im Bogengang lag Franz unbeweglich auf dem Boden, die Hand aufs Herz gepresst.

Jetzt war die Verwirrung komplett: Alle riefen und schrien durcheinander, während einige versuchten dem schwer versehrten Erzbischof mit Wasser aus einem der Eimer zu helfen. Andere liefen Martin zu Hilfe, um Franz in sein Bett zu bringen. William hatte sein Skapulier abgelegt und bettete Christa vorsichtig darauf, während er den von Panik ergriffenen Mönchen Befehle zuschrie. Niemand kümmerte sich um Rupert, der sich der Kellertür genähert hatte und blitzschnell hineingeschlüpft war.

Sie erwachte im Dunkel und glaubte zuerst, sie wäre immer noch im Keller. Aber es war ganz still um sie herum und sie fühlte ein weiches Kissen unter ihrem Kopf. Jemand musste ihr Stöhnen gehört haben, als die Schmerzen und die Angst nach einer Weile stummer Verzweiflung zurückkamen. Denn ein Licht erschien mit dem dunklen Schatten eines Mönchs, der hereintrat und sich an ihr Bett setzte. Jetzt konnte sie sehen, dass sie in ihrer kleinen Kammer lag. Sie musste krank sein, denn sie hatte die schrecklichsten Träume geträumt und irgendwo in ihrem Körper tat es schrecklich weh. Jetzt konnte sie auch erkennen, wer sich zu ihr gesetzt hatte: Es war Martin, der ihr gebot zu schweigen, als sie hustend zu reden versuchte.

»Du brauchst nichts zu sagen. Du bist jetzt in Sicherheit. Wenn du die Nacht geschlafen hast, werde ich dir erzählen, was passiert ist. Aber denke jetzt nicht mehr daran. Schlafe!«

Er strich ihr über das verschwitzte Haar und hielt etwas Kühlendes an ihren Arm. Sie drehte den Kopf, um zu sehen, was es war, konnte aber nur dicke Verbände entdecken. Doch das war auch gleich, wenn nur die Schmerzen durch

Martins Behandlung gedämpft wurden. Sie trank aus dem Becher, den er ihr hinhielt, ließ erschöpft den Kopf wieder aufs Kissen sinken und schlief ein.

Sie träumte, dass sie in der Küche war und ihre Wundermedizin fertig stellte: Die Sonne schien durch das kleine Fenster über der Tischplatte in der Nische direkt auf sie und der Duft der frischen und der getrockneten Kräuter war sehr intensiv, als sie sie mit dem Stößel im Mörser zerstampfte. Sie war sich sicher, dass diese Mischung wirksam und heilkräftig sein würde, weil Martins Marienbild, das plötzlich aus unerklärlichen Gründen an der Wand des Wirtschaftsraums hing, zum ersten Mal ihre Anstrengungen mit sanftem Blick zu betrachten schien . . .

Als sie aufwachte, war es um sie herum hell. Zwei Gestalten standen in der Türöffnung. Sie wandten ihr den Rücken zu und waren in ein leises Gespräch vertieft. Es waren Eskil und William, das konnte sie erkennen. Eskil drehte sich um und Christa glaubte zunächst, er hätte sich das Gesicht mit Martins Farben eingeschmiert. Doch als er näher trat, sah sie die Blasen und die großen Brandwunden an den Händen und im Gesicht. Bevor sie etwas sagen konnte, war auch William herangetreten, der einen Finger auf die Lippen legte und ihr so zu schweigen gebot. Sie sah von einem zum anderen und ein vager Verdacht stieg in ihr auf, dass sie ihren Alptraum doch nicht nur geträumt hatte. Sie wollte sich aufsetzen, wurde aber durch einen jähen Schmerz im linken Arm, der in Verbände gewickelt war, daran gehindert, während ihr Knöchel gefühllos und zwischen einigen Stützleisten fixiert war.

Als Eskil zu sprechen begann, erinnerte sie sich plötzlich an alles, denn der Erzbischof machte keine Umschweife.

»Theodor von Gylstram ist tot«, begann er würdevoll. »Der Keller brannte und selbst ich konnte es nicht vermeiden, vom Feuer gebrandmarkt zu werden. Darum ist es nicht weniger als ein Wunder, dass du lebst. – Kannst du dich an etwas erinnern?«

Er sah sie mit ruhigem Blick an und sie schloss für einen Augenblick die Augen, um sich zu konzentrieren. Eskil wartete, ohne etwas zu sagen. William stand wie eine Steinsäule neben dem Bett. Sie öffnete ihre Augen und bat zunächst um Vergebung für ihren Ungehorsam, bevor sie von der heimlichen Expedition in den Keller erzählte. Sie gab ihren Anteil am Unglück zu, da sie ja den Schlüssel aus Williams Schrank besorgt und dem Reliquienhändler gegeben hatte, der in der Küche gewartet hatte. Dass sie ihn wieder zurücklegen wollte, mochte sie nicht sagen. Was hätte es für einen Sinn, ihre guten Absichten kundzutun, wo doch die Folgen ihres Tuns Tod und Verderben gewesen waren. Sie seufzte schwer und schwieg einen Augenblick, während ihr die Tränen über die Wangen liefen.

Eskil sah den Abt an und nickte vertrauensvoll: Es war beiden klar geworden, dass Christas Verstand keinen Schaden davongetragen hatte. Schwieriger war es, über ihre Seele zu spekulieren. Die hoffnungsvolle Erleichterung der beiden Männer wurde von ernster Sorge abgelöst, als sie schließlich von ihren letzten bewussten Minuten in Rus' Keller berichtete. Dass die schwere Rutsche auf Gylstram gefallen war, konnte ein Unglück gewesen sein, aber Christas Erlebnis mit der flüsternden Stimme und der bedrohlichen Anwesenheit eines unsichtbaren Wesens dort unten war beunruhigend.

Als sie ihr Herz erleichtert hatte, sah sie die beiden Männer an und fragte nach Franz. Sie vermisste seine klugen, verständnisvollen Augen und den verständigen Trost, den er ihr immer zu geben vermocht hatte, wenn etwas sie quälte. Da trat William vor und nahm Eskils Platz ein. Der Erzbischof zog sich zurück, damit der Abt des Klosters sie über Franz' Zustand informieren konnte, während er verzweifelt über etwas grübelte, das er nur aus den Augenwinkeln gesehen hatte, als die Mönche sich mit Wasser und wohlgemeinter Hilfe um ihn geschart hatten.

Er hatte gesehen, wie Rupert die Treppe zum Keller hinuntergegangen war und sich nach etwas gebückt hatte, das auf der Türschwelle lag. Danach war er blitzschnell in den Keller geschlüpft. Dann hatten die Verwirrung und die Schmerzen es ihn vergessen lassen, aber jetzt, wo es ihm wieder einfiel, musste er entscheiden, ob es wichtig genug war, näher untersucht zu werden. Nichts schien in diesem heimgesuchten Kloster ohne Bedeutung zu sein, deshalb beschloss Eskil es sich zu merken und fällte den unerschütterlichen Beschluss, der finsteren Feindesmacht, die Rus genannt wurde, ein würdiger Widerpart zu sein. Bisher hatten sie sich an der Nase herumführen lassen. Sie hatten ihre Zeit damit verbracht, über die kleinen Zeichen einer Störung des harmonischen Verhältnisses zwischen Gott und Menschen zu spekulieren. Sie hatten ihre Kräfte und ihren Verstand damit vergeudet, sich das Resultat einer Symbolik auszudenken, die sie selbst definiert hatten. Sicher, das schwarze, verdorbene Brot war eine Schändung, die Bernhards Erinnerung entweihte, aber jetzt war es an der Zeit, sich auf die Lebenden zu konzentrieren – nach der Beisetzung des Reliquienhändlers an der Flurgrenze, wo bereits eine andere in Zweifeln gefangene Seele begraben lag. Sicherheitshalber.

Eskil wandte sich William zu, der fertig gesprochen hatte. Christa sagte etwas, aber zu leise, als dass sie es hören konnten. William bat sie lauter zu sprechen und sie murmelte immer wieder das gleiche Wort: »Theriak!«

Eskil kam der Gedanke, dass das sicher mehr als reine Fieberphantasie war, und zog die Augenbrauen hoch, bevor er William fragte, ob sie in Esrom wirklich mit diesem fabelhaften Wundermittel experimentiert hatten.

»Das ist so alt wie die Erbsünde und niemand kann mit Sicherheit sagen, welche Wirkung die vielen hundert Zutaten haben, die in der Regel darin miteinander vermischt sind. Jeder Heilkundige oder Giftmischer hat sein eigenes Rezept und jetzt frage ich dich, ob Franz dieses Gebräu hier in Esrom hergestellt hat. Als Christa das letzte Mal davon sprach, war ich überzeugt davon, dass es nur Gerede war, auch wenn ich ihr Interesse bemerkenswert fand!«

William dachte an die Diskussion über die Giftlehre und Christas Anteil an dieser Seite von Franz' Unterricht. In Gedanken bekreuzigte er sich und stand auf, wobei er sagte: »Lass uns die Sache untersuchen. Wenn Franz Theriak hergestellt hat, wird es sich auf seinen Regalen befinden. Er würde niemals etwas heimlich tun.«

Er wandte sich ab und betrachtete Christa, die anscheinend eingeschlummert war. Außerdem war es an der Zeit, dass Severin mit einer Schale Suppe zu ihr kam.

Die beiden Männer gingen in die Küche.

Es war das erste Mal, dass Eskil in Esroms Küche war. Nachdenklich betrachtete er Franz' Gerätschaften im Wirtschaftsraum, wo alles ordentlich auf Regalen lag und an Haken hing. Die Krüge standen ordentlich in Reihen und der schwere Mörser stand gesäubert neben einem soliden Holzblock mit geschliffenen Messern. Mitten auf der gescheuerten Holzplatte, die in einer Nische unter einer kleinen Fensteröffnung befestigt war, stand ein großer Krug mit der Aufschrift ›Theriak‹ direkt in den gebrannten Ton eingeritzt. Eskil wandte sich William zu, der den Krug auch entdeckt hatte.

»Ja, dann brauchen wir ja nicht mehr danach zu suchen«, sagte Eskil und nahm den Krug in die Hand.

»Aber – vielleicht sollten wir den Inhalt näher untersuchen, bevor wir ihn verwenden«, murmelte William nachdenklich. »Ich werde Severin holen. Er hat in letzter Zeit die Küchenarbeiten verrichtet.«

Er ging zur Feuerstelle in der Küche, wo er den Mönch mit dem Kessel hatte klappern hören.

»Severin, kennst du diesen Krug, der dahinten stand?«

Severin stellte stöhnend den schweren Eisenkessel auf den Steinboden und schüttelte eifrig den Kopf.

»Nein, aber ich habe gesehen, dass er da steht – wie er dahin kommt, das weiß ich nicht, denn ich habe genug mit meinen Pflichten zu tun . . .«

Er schüttelte bedauernd den Kopf, während er mit den Händen auf die chaotische Unordnung zeigte, die er um sich verbreitet hatte.

»Was ist denn in dem Krug?«

William drehte sich um und ging zu Eskil zurück, nachdem er Severin den Befehl gegeben hatte, sofort eine Schale Suppe zu Christa hinaufzubringen.

»Wir müssen den Inhalt selbst untersuchen und uns auf unsere eigene Urteilskraft verlassen, da es bei uns außer Franz und Christa keine anderen Heilkräuterkundigen gibt«, sagte er leise zum Erzbischof. Eskil runzelte die Stirn, sagte aber nichts. Schnell löste er das Band um das dünne Lederstück, das den Krug bedeckte. Er schnupperte am Inhalt, bevor er den Krug an William weiterreichte.

»Es riecht gut«, murmelte der Abt und ließ ein bisschen von dem braunen Pulver auf seine Hand rieseln. Eskil trat näher heran, um auch das Pulver betrachten zu können, das

William auf seiner Handfläche hielt. Es war ganz fein gestoßen und duftete frisch nach Salbei und Minze.

»Sonderbare Farbe ...«, sagte Eskil und schnupperte noch einmal an dem Pulver. Der Duft war ganz intensiv frisch, hinterließ aber dennoch einen schweren Eindruck in der Nase. Es war ein merkwürdiger, unbestimmbarer Eindruck, als wären Salbei und Minze mit etwas eher süßlich Duftendem vermischt. Das war natürlich nicht so überraschend, war Theriak doch eine Mischung aus vielen verschiedenen Ingredienzen. Weder Eskil noch William meinten etwas alarmierend Falsches an dem Pulver finden zu können und deshalb beschlossen sie einstimmig, Franz eine Dosis in gekochtem Wasser zu geben. Aber das Problem war die Größe der Dosis.

Sie nahmen den Krug und gingen mit ihm zu Christa. Sie war die Einzige, die das richtige Maß angeben konnte, da Franz selbst nicht bei Bewusstsein war. Außerdem wusste William von keinem anderen Heilkundigen in der weiteren Umgebung – es war niemand außer Franz notwendig gewesen, da dieser bereitwillig den Nachbarn bei allen Widerwärtigkeiten mit seinen Ratschlägen geholfen hatte. Weder William noch Eskil wagten sich auszumalen, was geschehen würde, wenn Christa sich vielleicht irren und die falschen Informationen geben könnte. Aber die beiden Männer hatten die Verantwortung übernommen, für beide war es ganz natürlich, zu handeln, wenn es geboten war – ganz gleich, ob sie über die notwendigen besonderen Kenntnisse verfügten oder nicht. Theriak war ihr einziges Mittel und deshalb zögerten sie nicht länger. Eskil verbarg seine verbrannten Hände unter seinem Skapulier, während er sich darauf konzentrierte, die großen Brandblasen in seinem Gesicht nicht aufzukratzen. Er hatte zwar starke Verbrennungen, aber trotz seiner Schmerzen immer noch alle Kräfte in seiner Gewalt.

Christa war wach, als sie bei ihr eintraten. Severin war bereits gekommen und saß mit Suppe und Löffel in der Hand auf dem Bett. Sie warteten, bis sie gegessen hatte, und schickten danach Severin wieder in die Küche zurück.

»Wir haben den Krug mit Theriak gefunden«, fing William langsam an, nachdem er sich zu ihr aufs Bett gesetzt hatte. »Du musst uns sagen, welche Dosis wir Franz geben sollen!«

Christa starrte ihn mit großen Augen an. Sie konnte sich nicht daran erinnern, Theriak gemischt zu haben. Der kleine Krug, den sie mit in den Keller genommen hatte, musste ja zerbrochen sein, als die Rutsche auf sie und den Reliquienhändler gefallen war. Sie hatte ihm bis jetzt keinen einzigen Gedanken gewidmet. Erst jetzt, als William von Theriak sprach, fiel er ihr wieder ein. Wie war es nur möglich, dass das Wundermittel fertig gemischt in der Küche stand? Verwirrt schüttelte sie den Kopf – Franz selbst musste es hergestellt haben.

William hielt ihr den Krug hin, damit sie den Inhalt sehen und an ihm schnuppern konnte. Sie beugte sich vor und roch vorsichtig. Es duftete, genau wie es sollte, falls ihre eigenen gesammelten Zutaten vermischt waren ... und der sonderbare Unterton musste von dem geheimen Bestandteil aus dem Keller stammen. Sie fühlte sich leicht schwindlig – hatte sie doch im Traum im Wirtschaftsraum mit dem Mörser gestanden . . . Doch, jetzt erinnerte sie sich wieder. Die Sonne hatte auf sie geschienen und der Duft des gestoßenen Pulvers in dem Krug war ja genau der gleiche wie damals, als sie die Kräuter zerstieß ... Aber wie war es mit der Dosierung? Sie dachte an Franz' Maßlöffel aus Silber. Was hatte er immer gesagt?

Wenn du dir nicht sicher bist, wie stark die Medizin ist, dann gib anfangs immer die kleinste Dosis!

Und dabei hatte er sein Bündel mit Silberlöffeln hochgehalten und auf den kleinsten gezeigt, der die Größe des Nagels ihres kleinen Fingers hatte. Plötzlich wurde ihr klar, dass es Franz selbst war, der die Medizin brauchte, William hatte es ihr gesagt, als er letztes Mal bei ihr am Bett gesessen hatte. Franz war krank und vielleicht war Theriak das einzige Mittel, das ihm helfen konnte.

»Franz braucht die Dosis des kleinsten Silberlöffels«, sagte sie und hob ihren Blick zu William. »Er trägt seine Löffel immer am Gürtel und ihr müsst den allerkleinsten nehmen, denn niemand weiß, wie es wirkt.«

William nickte und stand auf. »Das werden wir bald sehen«, sagte er zu sich selbst und verließ das Zimmer gemeinsam mit Eskil.

Eine große Menschenmenge mit einem dunklen Mann an der Spitze bewegte sich mit schnellen Schritten auf das Kloster Esrom zu. Schon von weitem konnte man die aufgeregten Stimmen und die anfeuernden Rufe des Anführers hören. Es war Rupert, der eine beträchtliche Gruppe aus Stenholt und Villingerød um sich gesammelt hatte. Jetzt war er auf dem Weg, das zu tun, was er versprochen hatte. Es war nicht schwer gewesen, das in der Umgebung lebende Volk zu einem wahren Blutrausch hochzupuschen. Das Kloster Esrom konnte ohne Schwierigkeiten als Wohnort heuchlerischer Seelenkrämer dargestellt werden, der nur kraft königlicher Privilegien existieren konnte, die auch die Übertragung der Rechte an den beiden Dörfern beinhaltet hatten – was besonders große Bitterkeit unter den Großbauern hervorgerufen hatte, die meinten, dass dadurch ihre Rechte verletzt worden waren. Außerdem war Franz bei den meisten Leuten der Gegend bekannt und beliebt gewesen, und nur eine Andeutung, dass sein Tod mit Gift und mörderischen Absichten zusammenhinge, genügte, um die Aufmerksamkeit auf Christa zu richten, woraufhin die Gerüchte über die Mächte der Finsternis aufloderten und wie ein Lauffeuer von Hütte zu Hütte eilten. Und hatte Rupert nicht Recht? Hatte sie, Christa, nicht selbst das gepriesene Theriak gemischt, das die Mönche dem Kranken verabreicht hatten? Und auch das Gerede vom Bruder Rus hatte er schnell aus der Welt geschafft, denn wer sonst als Christa hatte Theodor von Gylstram in den Keller gelockt! Rus war nicht dort unten gewesen, denn niemand hatte ihn gesehen. Dort war nur das Mädchen gewesen, das lebendig neben dem getöteten Reliquienhändler in den hellen Flammen gelegen hatte. Das war das dritte Teufelswerk! Oh ja, Rupert hatte ausschließlich angedeutet, was doch stimmte, und jetzt sollten die Bewohner der Gegend über das Schicksal des Mädchens entscheiden. Er lachte vor sich hin. Endlich war es vorbei damit, endlich musste er sich nicht mehr vor Christas farbloser Iris ducken, die ihn immer verfolgt hatte, wenn er in die Nähe des Klosters gekommen war. Es schien, als könnte sie ihm direkt in die Seele gucken – eine Herausforderung, die er nicht unbeachtet lassen durfte. Aber jetzt war bald Schluss damit. Er würde zusehen können, wie sich Abt William zwischen die rasende Menschenmenge und sein Pflegekind stellen würde, das zu verteidigen ihm nicht leicht fallen würde.

Die Mönche hatten sorgfältig das Tor verschlossen, weil sie schon lange entdeckt hatten, was sich dort draußen zusammenbraute. Seit Tagen hatte es gebrodelt und bei Franz' Beisetzung war Rupert gesehen worden, wie er sich am Waldrand herumgeschlichen hatte. William und Eskil waren auf heftige Unruhen vorbereitet, denn sie wussten, welch leichtes Spiel ein Aufwiegler hatte, wenn es um die führende Position des Klosters als Landbesitzer in der Gegend ging. Außerdem wussten sie, dass Franz' Tod zu vielen Spekulationen über Giftmord und Hexenkunst den Anlass gab. Williams Befürchtungen, dass Christa zum Sündenbock gemacht werden würde, waren Wirklichkeit geworden. Das Lob der Leute für sie als Franz' Lehrling war in Misstrauen umgeschlagen. Sie war nicht mehr der heilbringende Engel, sondern die Giftmischerin, die ihren Lehrmeister mit ihrem Teufelsgebräu ermordet hatte. Ihre außergewöhnliche Erscheinung wurde jetzt als Beweis für das Wirken des Teufels unter den Menschen angesehen und die Zisterzienser waren nichts als Dummköpfe, die gutgläubig das Böse innerhalb ihrer eigenen Mauern großgezogen hatten. Das Ansehen des Zisterzienserordens stand auf dem Spiel und damit seine zukünftige Stellung im Land. Das konnte man nicht einfach abtun, hier musste mit deutlichen Mitteln geantwortet werden.

Sie waren auf die Unruhen vorbereitet. Eskils Männer hatten im Hof Aufstellung genommen und warteten ruhig die weiteren Befehle ab. Es waren handverlesene Soldaten, die den Bischof auf seinen langen Reisen durch Europa begleiteten. Sie waren plötzlich entstehende Volksaufstände gewohnt, und auch wenn sie nicht viel an Zahl waren, so konnten sie es doch leicht mit einem erregten Dorfpöbel aufnehmen, der sich von nur einem Aufwiegler steuern ließ. Aber Eskil war sich auch klar darüber, dass man einen militärischen Schutz des Klosters nicht lange aufrechterhalten konnte. Wenn der Aufstand heute auch niedergeschlagen würde, so konnte er schnell wieder aufflackern, wenn William allein als Beschützer des Klosters dastand. Der Bischofssitz in Lund forderte Eskils Anwesenheit und es gab viel zu tun, bevor er im nächsten Jahr wieder nach Clairvaux reisen würde.

Der Konflikt musste augenblicklich aus der Welt geräumt werden, aber ließ sich das machen, ohne gewalttätig gegen die bedrohliche Volksmenge vorzugehen? Sowohl Eskil als auch William waren sich klar darüber, dass Esroms Zukunft auf dem Spiel stand, ganz gleich, wie lächerlich der Aufstand auch erscheinen mochte, und die beiden Männer waren sich darin einig, zunächst den Versuch zu unternehmen, sich aus der Bedrohung herauszureden. Wenn sie diese Menschen davon überzeugen konnten, dass sie einem hasserfüllten Intrigenschmied folgten, statt den Repräsentanten der Kirche und des Ordens zu vertrauen, wäre viel gewonnen. Bis jetzt hatten die Brüder und ihre Nachbarn einander genützt – abgesehen von den unzufriedenen Stimmen, die es immer zu hören gab. Warum sollte das Zusammenleben zu einem blutigen Abschluss kommen, wenn das gleichzeitig Verzweiflung und Not für beide Seiten mit sich brächte? William und Eskil hatten vernunftbetonte Argumente genug, aber genügten sie, die irrationale Angst vor dem unbekannten Bösen zu dämpfen, von dem man immer fürchtete, es könnte die Gegend heimsuchen und über jeden, wenn er auch noch so inniglich betete, Tod und Verderben bringen?

Fürchteten nicht die Brüder selbst die Mächte der Finsternis, die anscheinend ihr Spiel im Klosterkeller trieben? Wie konnten sie richten, wenn sie doch selbst die Inkarnation des Teufels auf der Erde zu finden glaubten?

Abt William und Eskil standen im Hof bereit. Eskils Männer hatten ihre schweren Schwerter gezogen, aber strengen Bescheid erhalten, sich absolut ruhig zu verhalten, sodass nicht das geringste Waffenklirren zu hören war, als die Volksmenge sich vor den Toren aufstellte. Nichts durfte aus dem Klosterinneren zu hören sein, bevor der Befehl zum Angriff erteilt wurde. Die beiden Männer wollten sich ungeachtet des Risikos der Menge unbewaffnet stellen. William hatte bereits Martin zu seinem Prior bestimmt, bis ein neuer Abt ernannt werden würde – und der Abt betete, dass seine eigene und Eskils Redegewandtheit derartige Vorkehrungen überflüssig machen würden. In seinen Augen hatte die Kirche schon genug Märtyrer.

Und Christa befand sich in der Obhut der Brüder in der Kapelle. Sie war in aller Eile hinuntergetragen worden und saß nun wie in Trance vor dem Altar, von wo aus sie Martins Marienbild betrachtete, das rechts vom goldenen Altarschrein aufgehängt worden war. Der Rahmen war vergoldet und schwer, sodass er zur reichhaltigen Ausschmückung der Kapelle passte, aber das Bild selbst sah dunkel und traurig aus. Nur Christa konnte sehen, dass gerade das gedämpfte Erscheinungsbild der blauen und roten Farben das Gesicht der Mutter Gottes betonte, das an diesem Tag ihren Blick auf sich zu ziehen schien. Das strenge Frauengesicht war möglicherweise noch strenger, als Christa es sonst empfand, aber gleichzeitig waren die lebendigen Augen erfüllt mit einer unausgesprochenen Aufforderung zu etwas, das Christa nicht ganz verstand. Sie starrte weiter darauf, denn sie war nahe daran, zu verstehen, was es war, was das stumme Portrait signalisierte. Die schweren Türen der Kapelle waren verschlossen worden und die Mönche, die dahinter Wache hielten, gingen davon aus, dass sie lange Zeit standhalten könnten, wenn der Angriff bis zu ihnen vordringen sollte.

Sie sprachen gedämpft miteinander, so leise, dass Christa nicht hören konnte, was sie sagten. Es war ihr sowieso gleich, denn die Schmerzen im Knöchel und im verbrannten Arm, die Beruhigungstees, die sie getrunken hatte, und die träumerische Konzentration auf das Marienbild nahmen ihre gesamte Aufmerksamkeit gefangen. Die murmelnden Stimmen der Brüder erschienen ihr fern und nicht sie betreffend.

Alles und alle waren bereit, als die ersten hallenden Schläge am Außentor des Klosters zu vernehmen waren:

»Macht auf und lasst uns euch von dem Fluch befreien, den ihr beherbergt!«, erklang Ruperts Stimme, die kurz darauf vom hitzigen Gebrüll der Menge unterstützt wurde. Eskil und William schauten zu den ungeduldigen Soldaten und gaben ihnen noch einmal ein Zeichen, sich ruhig zu verhalten. Dann hob William die Hand und der alte Uffe zog den Riegel heraus. Sowohl der Abt als auch der Erzbischof hatten schwere kurze Schwerter unter ihren Gewändern versteckt, aber beide hofften, dass es nicht notwendig sein würde, sie zu ziehen.

Draußen verstummte die Menge, als sie sah, wie sich das Tor langsam öffnete. Eskil trat zuerst hinaus. Er trug sein farbenprächtiges Bischofsornat und seine Mitra. Niemand sagte etwas, der Anblick des Erzbischofs, dem jetzt Abt William in seiner weißen Kutte mit schwarzem Skapulier ruhig zur Seite trat, genügte, die wütende Menge zögern zu lassen. Alle sahen Rupert an, der ebenfalls ein paar Schritte vorgetreten war, um den beiden Geistlichen Aug in Aug gegenüberzustehen. Doch bevor er etwas sagen konnte, wurde er von Eskil zur Seite geschoben, der sich direkt an die Volksmenge wandte:

»Ihr lasst euch von einem Mann anführen, dessen wahre Intentionen ihr gar nicht kennt!«

Der Erzbischof deutete auf Rupert und fuhr fort: »Ihr wisst nicht, wer er ist, und ich selbst habe nur einen vagen Verdacht über seine Herkunft. Aber ich weiß, dass er das Leben im Kloster aus nächster Nähe beobachtet hat, selbst an dem Unglückstag war er zur Stelle und hat sich bis in den Keller hineingeschlichen! Niemand weiß, was Christa und Theodor von Gylstram hinuntergelockt hat, und niemand weiß, wer den Krug mit der todbringenden Medizin gemischt hat. Aber eines ist sicher: Es war niemand von Esroms Bewohnern. Oder?«

Er wandte sich zur Seite und sah Rupert an: »Vielleicht weißt du etwas von dem Krug auf dem Küchentisch, der uns so einladend hingestellt wurde? Du bist doch immer zur Stelle, wenn bei uns etwas Ungewöhnliches passiert!«

Rupert legte den Kopf in den Nacken und ließ ein gellendes Lachen über die unsichere Menge erschallen.

»Wer anderes als eure kleine Giftmischerin sollte denn das Pulver hergestellt haben, das Franz getötet hat! Ein großer Verlust, das muss man sagen, und damit blieb ja nur noch ein giftkundiger Mensch zurück. Christa ist schuldig und ich verlange, dass sie ausgeliefert wird, damit wir das Böse ein für alle Mal ausrotten können!«

Eskil sah ihn kühl an und frage: »Aber warum hast du dann im Lehmboden des Kellers gekratzt? Warum hast du mit einem kleinen Krug dort gestanden, in den du den Staub gefüllt hast? Das kann doch nicht für gute Zwecke gewesen sein, denn schließlich ist der Keller verflucht, das wissen doch alle, oder?«

Rupert sah Eskil verblüfft an und trat drohend auf ihn zu, besann sich dann jedoch. Die Zeit war noch nicht reif, den Dolch zu ziehen, den er in seiner Kleidung verbarg. Im Augenblick herrschte in der Menge, die ihn doch unterstützen sollte, Unsicherheit, und ein unmotivierter Ausfall konnte die Stimmung gegen ihn umschlagen lassen. Es galt, die beiden kirchlichen Autoritätsträger, die als einziges Bollwerk zwischen der Menge und Christa standen, auszumanövrieren.

Niemand hatte an Eskils Soldaten gedacht, die hinter dem Tor zum Kampf bereitstanden, und jetzt machte sich in den hinteren Reihen von Ruperts Gefolgschaft Unruhe breit. Einige der empörtesten Mitläufer berichteten von dem Betrug des Reliquienhändlers, der sie teuer zu stehen gekommen war. Er hatte seine Strafe bekommen und nun forderten sie, dass auch Christa die ihre zuteil werden sollte. Die beiden hatten sich miteinander verschworen und irgendein Teufelswerk ausgeheckt. Warum wollten sie sonst in den Keller?

Rupert benutzte die Gelegenheit, Eskils Andeutungen auszuweichen, und rief der Menge zu, dass weder William noch Eskil das Recht hätten, den gerechten Prozess zu verhindern, den sie abhalten wollten. Rupert lächelte, als er sah, wie die Leute auf Eskil und William zugingen. Sie alle fühlten sich mittlerweile von dem Reliquienhändler betrogen, hatte doch Rupert die Gelegenheit wahrgenommen sie an all die hoffnungsvollen Käufe der falschen Reliquien zu erinnern, die doch nichts genutzt hatten. Jeder hatte mindestens eine Geschichte zu berichten, über die er in Wut geraten konnte, und dass Christa mit dem unglückseligen von Gylstram in Verbindung gebracht werden konnte, war ein wahrer Glücksfall. Rupert musste sich Mühe geben, dass er nicht wieder sein Lachen erklingen ließ. All diese gutgläubigen Dummköpfe waren so leicht dem Ziel entgegenzuführen, das er sich gesetzt hatte. Wenn sie erst innerhalb Esroms Mauern frei schalten und walten konnten und wenn der Prozess gegen Christa erst abgehalten worden war, dann würde es nicht mehr lange dauern, bis William seine Mönche aus dem Kloster fortführen musste. Die Glaubwürdigkeit der monastischen Welt würde in den Augen der Leute aus der Umgebung dahinschmelzen und es würde die offene Feindschaft gegen die Brüder ausbrechen. Auch Eskil selbst würde das nicht verhindern können, denn ein Erzbischof muss unweigerlich zurück zu seinem Bischofssitz, um dort sein Amt auszuüben. Das Haus würde als eine verlassene Ruine enden, denn er, Rupert, würde schon dafür sorgen, dass niemand die Stätte übernehmen wollte. Niemand anders als derjenige, der vor langer Zeit von diesem Ort verwiesen wurde.

Eskil und William waren keinen Fußbreit vor der Menge zurückgewichen. Gerade wollten beide ihre Schwerter ziehen, da ging das Tor auf. Es öffnete sich nur einen ganz kleinen Spalt und zunächst bemerkten es nur die beiden Kirchenmänner. Aber jetzt hielt Rupert mitten in einer Bewegung inne. Er hatte den Arm gehoben, um das Zeichen zum Angriff zu geben, als er eine kleine Gestalt entdeckte, die zwischen Eskil und William trat. Ungläubig starrte er einen Moment lang auf die verletzte Christa. Das war fast zu einfach. Sie war allein zu ihnen herausgekommen – nun gab es für die beiden Kirchenoberen nichts mehr zu tun . . .

Eskil gewann blitzschnell seine Fassung zurück, ebenso William: Beide legten Christa eine Hand auf die Schulter, um sie zurückzuziehen, aber sie machte sich los und ging langsam und zögerlich auf Rupert zu. Es blitzte böse in seinen Augen auf, aber Christa spürte deutlich, wie die Angst in ihm hochstieg. Sie selbst war ganz ruhig. Die Muttergottes in der Kapelle hatte sie für diese Konfrontation bereitgemacht. Sie hatte keinen Zweifel mehr an ihrer eigenen Rolle in dem ewigen Spiel der entgegengesetzten Kräfte, die ihr ganzes Leben geprägt hatten. Der Mann vor ihr türmte sich wie eine bedrohliche Säule reiner Boshaftigkeit vor ihr auf, aber das war ja auch genau sein wahres Wesen. Sie richtete ihren glasklaren Blick auf ihn, während sich eine undurchdringliche Stille um sie verbreitete, die sie von der aufgewiegelten Menge und den beiden Verteidigern mit ihren Schwertern unter ihren Kleidern trennte.

Christa und Rus standen sich zum ersten Mal direkt gegenüber und die Zeit war reif für eine endgültige Entscheidung.

In der Kapelle herrschte Verwirrung. Christa hatte ruhig am Altar gesessen, während die Brüder herumgingen, um sich zu überzeugen, dass alle Eingänge fest verschlossen waren. Bruder Severin hatte vor dem Altar auf Knien gelegen, versunken in ein fieberhaftes Gebet. Er hatte in seiner angstvollen Verwirrung nichts um sich herum bemerkt. Er hatte erst aufgesehen, als ein zischendes Geräusch seine Aufmerksamkeit auf sich gezogen hatte. Auch die anderen hatten es gehört und alle wandten sich dem Geräusch zu.

Es war das Weihwasser im Taufbecken, das kochte. William hatte seit der Einweihung der Kapelle angeordnet, dass das Becken immer gefüllt sein sollte, und die Brüder hatten pflichtschuldigst das Wasser jeden einzelnen Tag in der Geschichte des Zisterzienserklosters nachgefüllt und geweiht.

Jetzt kochte das Wasser und der Dampf verbreitete sich wie ein weißer Nebel im Kirchengewölbe. Ein Wunder! Ein Mirakel! Alle warfen sich auf die Knie und es verging eine Weile, bis Martin sich wieder nach Christa umschaute. Die anderen Brüder waren auf die Beine gekommen und liefen zusammen, um die Türen zu öffnen: Das musste aller Welt verkündet werden, ganz gleich, wer dort draußen gegen das Tor hämmerte. Aber Martin ließ weiterhin unruhig seinen Blick nach Christa schweifen. Sie musste sich aus Angst vor dem, was da vor sich ging, irgendwo versteckt haben. Nicht überraschend, war es doch ihr Name, den sie draußen rufen hörten. Bevor die Türen der Kapelle wieder geöffnet waren und die Brüder in alle Richtungen verschwanden, rief er die Nächststehenden zu sich.

»Ich kann Christa nicht finden. Sie muss hier irgendwo sein, aber ich kann sie nicht sehen!«

Ein Aufschrei war von den Türen her zu hören, die schließlich geöffnet worden waren: »Sie geht da draußen! Seht selbst! Aber wie ist sie nur hinausgekommen . . .«

Das war Severin, der sich mit hochrotem Gesicht zur Tür vorgedrängt hatte und nun in den Hof deutete.

Alle wollten sie jetzt sehen. Und wirklich, sie war es. Eine kleine, weiß gekleidete Gestalt, die ruhig dastand und ihren Verband von dem verbrannten Arm oder dem, was noch von ihm übrig war, abwickelte. Die Holzleisten, die das Bein gestützt hatten, wurden auch abgeschüttelt. Martin hatte einen Augenblick mit starrem Blick auf das Marienbild am Altar dagestanden, jetzt drängte er sich umso emsiger nach vorn, um seinen Brüdern den Weg zu versperren.

»Folgt ihr nicht. Bleibt hier. Das ist der Sinn . . .«

Die anderen sahen ihn verblüfft an, erkannten aber an seinem Gesichtsausdruck, dass er es ernst meinte. Sie blieben stehen und sahen, wie Christa vor Eskils wartende Söldner trat und weiter zum Klostertor hinkte. Sie streckte ihren gesunden Arm aus und zwang das Tor ohne offensichtliche Anstrengung auf. Es öffnete sich gerade so weit, dass sie nach draußen treten konnte. Martin wandte sich wieder seinen Brüdern zu und bat sie, mit ihm zum Altar zu gehen, um dort für einen glücklichen Ausgang zu beten. Sie nickten und folgten ihm still.

»Jetzt kann dir keiner helfen!«

»Ich brauche keine Hilfe von anderen. Du konntest mich im Keller nicht treffen und du kannst mir auch jetzt nicht weh tun.«

»Was ist mit deinem Arm? Er ist schwarz und verbrannt. Dieser Teil von dir gehört bereits Rus!«

»Dann nimm ihn doch! Er ist nur ein kleiner Teil von mir und über mehr wirst du niemals Macht gewinnen!«

»Es wäre die einfachste Sache der Welt, dir deinen Hals wie ein trockenes Stöckchen zu brechen!«

»Wenn du mich anrührst, werde ich dich allen Anwesenden hier gegenüber entlarven!«

»Bis jetzt hat niemand außer dir mich in meiner wahren Gestalt gesehen und ich zweifle daran, dass die Dummköpfe in der Lage sein würden, zu verstehen, was sie da mit ihren eigenen Augen sehen, selbst wenn ich in ein Schwefelbad tauchen würde!«

»Schwefel ist also dein wahres Element!«

»Und was ist deines?«

»Das Entgegengesetzte von deinem?«

»Es gibt keinen Gegensatz zu mir. Ich bin ein Teil von allem und alle ähneln mir in irgendeiner Weise.«

»Oder mir!«

»Selbst du bist von meinen Flammen gezeichnet!«

»Vielleicht sind wir alle Opfer deines Spiels, aber wir können dir in die Augen sehen und dich verbannen! Sieh mich an, wenn du dich traust, und versuche mich zu vernichten!«

Epilog

Es ist Morgen in Clairvaux und Herbert sitzt in Gedanken versunken über den Seiten, die er soeben ins *Liber Miraculorum* geschrieben hat. Die Sonne scheint seit langer Zeit zum ersten Mal, und auch wenn es eiskalt ist, wirkt das Licht wie eine Befreiung nach so langer Zeit mit den schweren Wolken, die nur graue Lichtstreifen durchließen. Heute scheint die Wintersonne grell mit blassweißen, blendenden Strahlen. Eskil hat sich nach dem ersten morgendlichen Stundengebet in seine Zelle zurückgezogen. Er war nach der langen Nacht mit Herbert nicht mehr er selbst. Und auch Herbert selbst ist schmerzlich erschöpft, aber er will nicht ruhen, ehe er nicht noch einmal jeden einzelnen Satz, den er geschrieben hat, durchgegangen ist.

Eskil war Zeuge der Konfrontation zwischen Christa und dem Bauern Rupert, der zum Schluss seine Maske abwarf und seine wahre Natur offenbarte. Das war ein schrecklicher Auftritt, und solange er währte, hing ein schwerer, schmutzig gelber Nebel über den beiden. Der Gestank von Schwefel war durchdringend, aber keiner der verstummten, gelähmten Zuschauer hatte ihn bemerkt. Sie erinnerten sich jedoch noch Jahre nach dem Ereignis an den Gestank.

Christa und Rus standen sich lange Zeit gegenüber, ohne

einen Ton zu sagen, ihre Lippen bewegten sich nicht, aber dennoch zweifelte niemand daran, dass die beiden ein geistiges Duell ausfochten, um den anderen in die Knie zu zwingen. Die stummen, unbeweglichen Zuschauer sahen, wie Rupert Christas verkohlten Armstumpf packte und ihn zu sich zog. Und Christas Gesicht zeigte dabei keine Regung, sie stemmte sich nur dagegen, während ihr dünnes weißes Haar feucht und dunkel vom Schweiß wurde.

Eskil hatte von seiner eigenen grausamen Machtlosigkeit berichtet, obwohl er doch eine voll ausgerüstete Truppe Krieger hinter sich hatte. Weder rohe Gewalt noch Gebete hatten Einfluss auf das, was sich da vor ihren Augen abspielte, es war unumgänglich und vielleicht bereits vorherbestimmt, seit Franz einen Säugling neben sich in der Scheune liegend fand.

Zu einem bestimmten Zeitpunkt – Eskil konnte nicht sagen, ob inzwischen Stunden oder nur Minuten vergangen waren – traten sämtliche Brüder des Klosters heraus. Sie stellten sich still und blass hinter ihren Abt, um abzuwarten, welche Entscheidung er treffen würde. Esroms Bewohner waren bereit ihr Haus zu verlassen oder sich als Märtyrer niedermetzeln zu lassen.

Die Schwefelwolke verzog sich und jetzt war eine Verwandlung zu sehen: Ruperts Augen waren weit aufgerissen und begannen aus ihren Höhlen zu treten. Sein Körper wand sich in den schrecklichsten Zuckungen, während ein tiefer, knurrender Kehllaut zu hören war. Er hatte immer noch

Christas verletzten Arm gepackt, und von seiner Hand ausgehend, verbreitete sich den Arm hinauf und über seinen ganzen Körper eine Röte, die mit jeder Sekunde, die verstrich, intensiver wurde. Zu diesem Zeitpunkt hatte William sich auf die Knie geworfen und mit rasender Hast das Teufelsaustreibungsritual gebetet. Eskil war seinem Beispiel gefolgt, ebenso andere Mönche. Christa selbst durchlief auch eine physische Transformation, die damit begann, dass ihr das Kopfhaar in dicken Büscheln ausfiel, und sich damit fortsetzte, dass ihr kleiner Körper dahinschwand, bis nur noch ein schwach leuchtender Schatten blieb. Ihr weißes Gewand fiel zu Boden und einen Augenblick lang starrten die Umherstehenden auf diese beiden Gestalten – die eine so grotesk, wie sie noch niemals auf einem Bild oder einer Kirchenwand wiedergegeben worden war, und die andere eine schattenhafte Gestalt, die langsam wie ein flimmernder Dunst zu entschwinden schien. Ein ohrenbetäubendes Kreischen durchschnitt die Luft, und Rus – die Maske Rupert war schon lange abgeworfen – musste sich seinem fast unsichtbaren Widerpart unterwerfen.

An dieser Stelle verbarg Eskil sein Gesicht in den Händen, bevor er fortfuhr. Herbert schrieb wie ein Wahnsinniger, um jedes einzelne Wort zu notieren.

Eskil hob erneut den Kopf und ließ ein brüchiges Lachen vernehmen, bevor er mit trockener, sachlicher Stimme den roten, stinkende Winde ausstoßenden Teufel beschrieb, in dessen tierischer Fratze sich in ein riesiges Maul aufsperrte, das einen Orkan schwefelverpesteter Lebenskraft ausspie. Das hielt mehrere Minuten an und Eskil wurde mit William, der unermüdlich die offiziellen Exorzismen der Kirche vor sich hin leierte, zu Boden geworfen.

Als alles wieder still war, wagten sie endlich ihren Blick wieder zu heben, und dort, wo Christa und Rus gerade noch gestanden hatten, war nur noch ein rauchender Krater.

Ruperts Pöbel begann sich langsam rückwärts gehend von der Stätte zurückzuziehen, bis sie sich sicher genug fühlten, sich umzudrehen und die Beine in die Hand zu nehmen. Die Klosterbewohner waren die Einzigen, die noch dort standen und still das dunkle Loch im Gras vor dem Tor betrachteten.

Es klopft an der Tür und Herbert schaut blinzelnd auf. Es ist Eskil. Er setzt sich auf den Stuhl, auf dem er nun viele Nächte nacheinander gesessen hat.

»Ich habe noch eine letzte Einfügung für das Buch«, sagt er. »Ich habe jahrelang über einen Traum gerätselt, den ich in der Nacht hatte, bevor ich das Kloster Esrom verließ. Als ich mich jetzt nach der Laudes schlafen legen wollte, konnte ich keine Ruhe finden, weil ich ihn verschwiegen hatte – vielleicht weil er meine Schwäche ins Bild setzt. Meine so genannte diplomatische Begabung, die mich daran gehindert hat, Wunder als etwas anderes denn als eine Handelsware anzusehen. Willst du mir noch ein paar Minuten zuhören?«

Herbert nickt und lehnt sich zurück. Er mag sich keine Notizen mehr machen, während Eskil erzählt, sondern verlässt sich auf sein Gedächtnis.

»Als die Nacht über Esrom hereinbrach, war ich erschöpft wie noch nie in meinem Leben. Es war meine Pflicht, die Geschehnisse den höchsten Instanzen der Kirche vorzutragen, ich wollte als Vermittler des Unfassbaren agieren. William und seine Mönche wollten in der Kapelle wachen, bis es hell würde, aber ich musste das für mich abschlagen, weil heftige Schmerzen in der Brust mich dazu zwangen, mich zurückzuziehen. Ich hörte leise den Gesang von dort unten und muss eingenickt sein, denn als ich wieder erwachte, war es um mich herum dunkel. Es war vollkommen still. Ich lag mit offenen Augen da und sah plötzlich ein schwaches Licht vor mir, ungefähr wie einen fernen Stern, der nur erahnt werden kann. Das Licht dehnte sich aus und mit der Zeit wurde mir klar, dass es wirklich existierte. Ich wollte mich aufsetzen, hatte aber keine Kontrolle mehr über meinen Körper. Ich musste liegen bleiben, wo ich war, während das Licht über meinem Kopf wie ein zitternder Nebel flimmerte. Da konnte ich Konturen erkennen und sah, dass es Christa war. Sie war nicht allein, hinter ihr kam eine zweite Gestalt zum Vorschein. Sie kommen, um Abschied zu nehmen, dachte ich, die andere Gestalt muss Franz sein!

Sie streckte ihren Arm aus und legte mir ihre Hand aufs

Herz, wonach sie mir einen kleinen Becher an den Mund hielt. Er enthielt eine bittere Flüssigkeit, die ich trank, ohne zu wissen, wie das zuging, denn immer noch hatte ich keinerlei Gefühl im Körper. Dann trat sie einen Schritt zurück und ließ den undeutlichen Schatten, der im Hintergrund gestanden hatte, vortreten. Das war nicht Bruder Franz, sondern Theodor von Gylstram, der Reliquienhändler mit seiner Glatze und dem dicken roten Bart. Er sagte mir, dass mein Leben jetzt gerettet sei und dass ich mich wieder erheben und weiterleben könnte in der Überzeugung, dass Wunder sich ganz umsonst einfinden und dass sie sich bis ins Unendliche wiederholen können, wenn die Menschen nur verstehen, auf das zu achten, was ihnen gegeben worden ist. So in etwa war der Wortlaut dessen, was er sagte, und nachdem er mich eine Weile betrachtet hatte, trat er zurück und ließ wieder Christa zu mir kommen. Sie war inzwischen fast unsichtbar geworden in dem Licht, das nun stärker um sie herum leuchtete, ohne dass es über das kleine Feld über meinem Kopf, in dem sie sich befand, hinausging. Sie legte etwas auf meine Bettdecke und verschwand mit ihrem Freund, dem Reliquienhändler, nachdem sie mir gesagt hatte, ich sollte an die Südmauer des Kräutergartens gehen.

Als ich am nächsten Morgen aufwachte und die Augen aufschlug, erinnerte ich mich sofort an den Traum. Und als ich aufstand, fiel ein kleiner Pflanzenstängel zu Boden. Ich hob ihn auf und brachte ihn den Zisterzienserbrüdern, die ihn sogleich bestimmen konnten. Ich bat sie zu untersuchen, was an der Südmauer des Kräutergartens wuchs. Gemeinsam gingen wir hinaus und sahen ein prächtiges Beet mit bunten, fingerhutförmigen Blüten. Die Brüder hatten keine Ahnung gehabt, dass diese Pflanze in ihrem Klostergarten wuchs, aber der neue heilkundige Bruder wurde bei seiner Ankunft auf diese ungewöhnliche Pflanze aufmerksam gemacht. Es war der Fingerhut, Digitalis purpurca.«

Glossar

Allgemein über die Personen

Das Buch der Wunder« ist von der dänischen Mittelalterforschung inspiriert worden. Erzbischof Eskil von Lund, Schweden, die Mönche Herbert und Geoffrey sowie Abt Bernhard, später St. Bernhard, aus dem Zisterzienserkloster in Clairvaux, Frankreich, haben gelebt und für das Christentum in Europa gearbeitet. Das Werk »Liber Miraculorum«, von dem dieser Roman seinen Titel geliehen hat, wird mit vielen anderen Dokumenten, die uns von dem Leben in den Klöstern des Mittelalters und ihrer Umgebung erzählen, noch heute aufbewahrt.

Begriffe

Ablass: Der Ablass ist der Erlass der zeitlichen Sündenstrafen vor Gott und bedurfte der Reue und Sühne. Er bedeutet eine Befreiung von der Strafe und Erlösung von den Sünden, die man begangen hat. Es war im Mittelalter möglich, sich einen Ablass zu kaufen, indem man Geld gab. Dieser Missbrauch war ein Anlass für Martin Luthers Reformation.

Albino: Der Ausdruck stammt von dem lateinischen Wort *albus*, das »weiß« bedeutet. Es sind Menschen oder Tiere ohne Farbstoff in der Haut, den Haaren und den Augen.

Bogengang ist ein auf wenigstens einer Längsseite durch offene Bogen begrenzter Gang, zum Beispiel der Kreuzgang, der in einer Klosteranlage den Klostergarten vierseitig umschließt und die verschiedenen Gebäudetrakte verbindet.

Digitalis purpurca: Aus dieser Pflanze, die mehrere Stoffe mit herzstimulierender Wirkung enthält, wird Herzmedizin gewonnen. Digitalis ist heute ein anerkanntes, bekanntes Arzneimittel.

Dormitorium ist der Schlafsaal der Mönche, auch der Trakt mit den Einzelzellen.

Exorzismus: Beschwörung, Teufelsaustreibung oder die Vertreibung böser Geister mittels religiöser Handlungen.

Illuminieren bezeichnet das kunstvolle farbliche Ausmalen von Handschriften mit Vignetten, Initialen und Bildern. Diese Arbeit führten Illuminatoren und Skriptoren (Buchschreiber), später auch Miniatoren (Handschriftenmaler) genannt, im Skriptorium (Klosterschreibstube) aus.

Infusion: Ein anderes Wort für Tee

Konvulsion: Krämpfe.

monastisch: Alles, was mit Klöstern und Mönchen zu tun hat (Monasterium = Kloster)

Mörser: Behälter, in dem man feste Stoffe mit einem Stößel pulverisieren kann

Pharmacopoe: Offizielle Übersicht über Heilmittel und Angaben über deren Zusammensetzung und Zubereitung.

Refektorium: Speisesaal in einem Kloster, mit Küche und Wärmeraum im selben Gebäudeflügel untergebracht.

Reliquien: sind Gebeine und Asche, auch Gebrauchsgegenstände religiöser Märtyrer und kirchlicher Autoritäten; auch Dinge, die sie berührt hatten, wurden für besonders machthaltig angesehen. Auf betrügerische Weise wurden im Mittelalter auf den Märkten solche höchst zweifelhaften Reliquien verkauft. Glaube und Aberglaube der Bevölkerung wurden dabei plump ausgenutzt.

Skapulier: Die Kleidung der Zisterzienser-Mönche bestand aus Tunika, heute Habit, einem fast knöchellangen Hemd mit Ärmeln und weitem Kragen, der Kukulle (Kutte), dem klassischen weiten Obergewand mit Kapuze, beide aus ungefärbter Wolle, und dem Skapulier, einem schwarzen die Schultern bedeckenden, aber seitlich offenen, knielangen Überwurf (alten Darstellungen nach auch damals mit Kapuze), der bei der Arbeit draußen die Kukulle ersetzte und bei anderen Gelegenheiten, immer während des Chordienstes, zusammen mit Tunika und Kukulle getragen wurde. Über der Hüfte wurde die Kleidung mit einer Gürtelschnur (Zingulum) zusammengehalten.

Stundengebete (Horen): Der Tag im Kloster war mit acht Stundengebeten streng gegliedert, die heute noch gemeinsam in der Klosterkirche gesungen oder rezitiert werden. Wegen der unterschiedlichen Tageslänge zwischen Sommer und Winter verschoben sich die Gebetsstunden mit dem Sonnenstand.
Der Tag begann nach Mitternacht mit
der Matutin, auch Mette (daher Christmette), es folgten

die Laudes im Morgengrauen,
die Prim bei Sonnenaufgang vor Beginn der Tagesarbeit,
die Terz,
die Sext um Mittag
die Non,
die Vesper beendete die Tagesarbeit,
mit der Komplet als Tagesabschluß (nach heutiger Zeit etwa um 16 Uhr im Winter und 20 Uhr im Sommer) begann die Schlafenszeit. Für private Messen war Zeit zwischen Laudes und Prim, nach der Terz für eine gemeinsame Messe.

Theriak: In der Vorstellung des Mittelalters eine Medizin gegen den Biss giftiger Tiere und Vergiftungen aller Art, wurde vom Leibarzt des römischen Kaisers Nero erfunden, war im Mittelalter Allheilmittel, auch gegen die Pest. Die 60 bis 80 Zutaten (u.a. Opium, Gewürze, Meerzwiebeln, Schlangenfleisch und Vitriol) machte das Mittel sehr kostbar.

Tonsur: Die Frisur der Mönche, bei der oben auf der Kopfmitte ein runder Fleck rasiert wird

Zisterzienserorden: Ein um 1200 aus dem Benediktinerorden hervorgegangene Ordensabspaltung, die sich besonderer Einfachheit und Askese verschrieben hatte.

Rainer M. Schröder

Die wundersame Weltreise des Jonathan Blum

»Hinter dem Horizont die Freiheit! Mit dem berühmten Auswandererschiff *Liberty* nach Amerika!«
Jonathan Blum kann die Enge seines Elternhauses nicht mehr ertragen. Nach Progromen in Polen mit seiner jüdischen Familie nach Rostock geflohen, sucht der 16-Jährige jetzt für sich allein die Freiheit – und schifft sich auf dem Auswandererschiff *Liberty* nach Amerika ein. Doch zu jenem Zeitpunkt – man schreibt das Jahr 1858 – ahnt Jonathan nicht, dass seine Suche nach der Freiheit viele Jahre dauern und ihn in einer unglaublichen Reise voller Abenteuer und Gefahren um die ganz Welt führen wird: mit den legendären Siedlertrecks durch Amerika, in ein Goldsuchercamp, auf unfreiwilligen Seefahrten bis zu einer abgelegenen Insel in der Südsee… Doch nach langen Irrfahrten findet der junge Mann schließlich die ersehnte Freiheit – und sich selbst.

Arena-Taschenbuch Band 1934.
432 Seiten. Ab 13

Arena